U0122905

心一堂術數古籍珍本叢刊

書名：《天元五歌闡義》附《元空秘旨》（清刻原本）

系列：心一堂術數古籍珍本叢刊 第二輯 堪輿類 無常派玄空珍秘 198

作者：【清】蔣大鴻原著、【清】章仲山增補、闡義

主編、責任編輯：陳劍聰

心一堂術數古籍珍本叢刊編校小組：陳劍聰 素聞 梁松盛 鄒偉才 虛白盧主

出版：心一堂有限公司

地址／門市：香港九龍旺角西洋菜南街五號好望角大廈一〇〇三室

電話號碼：+852-6715-0840 +852-6633-7949

網址：sunyata.cc

網上書店：http://book.sunyata.cc

電郵：sunyatabook@gmail.com

網上論壇：http://bbs.sunyata.cc/

版次：二零一七年九月初版

平裝

定價：港幣 一百八十八元正
新台幣 六百九十八元正

國際書號：ISBN 978-988-8317-79-0

版權所有 翻印必究

香港發行：心一堂有限公司

電郵：publish.sunyata.cc

香港及海外發行：香港聯合書刊物流有限公司

地址：香港新界大埔汀麗路三十六號中華商務印刷大廈三樓

電話號碼：+852-2150-2100

傳真號碼：+852-2407-3062

電郵：info@suplogistics.com.hk

台灣發行：秀威資訊科技股份有限公司

地址：台灣台北市內湖區瑞光路七十六巷六十五號一樓

電話號碼：+886-2-2796-3638

傳真號碼：+886-2-2796-1377

網絡書店：www.bodbooks.com.tw

台灣讀者服務中心：國家書店

地址：台灣台北市中山區松江路二〇九號一樓

電話號碼：+886-2-2518-0207

傳真號碼：+886-2-2518-0778

網絡書店：http://www.govbooks.com.tw/

中國大陸發行・零售：心一堂書店

深圳地址：中國深圳羅湖立新路六號東門博雅負一層零零八號

電話號碼：+86-755-8222-4934

北京地址：中國北京東城區雍和宮大街四十號

心一店淘寶網：http://sunyatacc.taobao.com

心一堂術數古籍 珍本 整理 叢刊 總序

術數定義

術數，大概可謂以「推算（推演）、預測人（個人、群體、國家等）、事、物、自然現象、時間、空間方位等規律及氣數，並或通過種種『方術』，從而達致趨吉避凶或某種特定目的」之知識體系和方法。

術數類別

我國術數的內容類別，歷代不盡相同，例如《漢書·藝文志》中載，漢代術數有六類：天文、曆譜、五行、蓍龜、雜占、形法。至清代《四庫全書》，術數類則有：數學、占候、相宅相墓、占卜、命書、相書、陰陽五行、雜技術等，其他如《後漢書·方術部》、《藝文類聚·方術部》、《太平御覽·方術部》等，對於術數的分類，皆有差異。古代多把天文、曆譜、及部分數學均歸入術數類，而民間流行亦視傳統醫學作為術數的一環；此外，有些術數與宗教中的方術亦往往難以分開。現代民間則常將各種術數歸納為五大類別：命、卜、相、醫、山，通稱「五術」。

本叢刊在《四庫全書》的分類基礎上，將術數分為九大類別：占筮、星命、相術、堪輿、選擇、三式、讖諱、理數（陰陽五行）、雜術（其他）。而未收天文、曆譜、算術、宗教方術、醫學。

術數思想與發展——從術到學，乃至合道

我國術數是由上古的占星、卜筮、形法等術發展下來的。其中卜筮之術，是歷經夏商周三代而通過「龜卜、蓍筮」得出卜（筮）辭的一種預測（吉凶成敗）術，之後歸納並結集成書，此即現傳之《易

一

經》。經過春秋戰國至秦漢之際，受到當時諸子百家的影響、儒家的推崇，遂有《易傳》等的出現，原本是卜筮術書的《易經》，被提升及解讀成有包涵「天地之道（理）」之學。因此，《易·繫辭傳》曰：「易與天地準，故能彌綸天地之道。」

漢代以後，易學中的陰陽學說，與五行、九宮、干支、氣運、災變、律曆、卦氣、讖緯、天人感應說等相結合，形成易學中象數系統。而其他原與《易經》本來沒有關係的術數，如占星、形法、選擇，亦漸漸以易理（象數學說）為依歸。《四庫全書·易類小序》云：「術數之興，多在秦漢以後。要其旨，不出乎陰陽五行，生尅制化。實皆《易》之支派，傅以雜說耳。」至此，術數可謂已由「術」發展成「學」。

及至宋代，術數理論與理學中的河圖洛書、太極圖、邵雍先天之學及皇極經世等學說給合，通過術數以演繹理學中「天地中有一太極，萬物中各有一太極」（《朱子語類》）的思想。術數理論不單已發展至十分成熟，而且也從其學理中衍生一些新的方法或理論，如《梅花易數》、《河洛理數》等。

在傳統上，術數功能往往不止於僅僅作為趨吉避凶的方術，及「能彌綸天地之道」的學問，亦有其「修心養性」的功能，「與道合一」（修道）的內涵。《素問·上古天真論》：「上古之人，其知道者，法於陰陽，和於術數。」數之意義，不單是外在的算數、歷數、氣數，而是與理學中同等的「道」、「理」—心性的功能，北宋理氣家邵雍對此多有發揮：「聖人之心，是亦數也」、「萬化萬事生乎心」、「心為太極」。《觀物外篇》：「先天之學，心法也。……蓋天地萬物之理，盡在其中矣，心一而不分，則能應萬物。」反過來說，宋代的術數理論，受到當時理學、佛道及宋易影響，認為心性本質上是等同天地之太極。天地萬物氣數規律，能通過內觀自心而有所感知，即是內心也已具備有術數的推演及預測、感知能力；相傳是邵雍所創之《梅花易數》，便是在這樣的背景下誕生。

《易·文言傳》已有「積善之家，必有餘慶；積不善之家，必有餘殃」之說，至漢代流行的災變說及讖緯說，我國數千年來都認為天災，異常天象（自然現象），皆與一國或一地的施政者失德有關；下

至家族、個人之盛衰，也都與一族一人之德行修養有關。因此，我國術數中除了吉凶盛衰理數之外，人心的德行修養，也是趨吉避凶的一個關鍵因素。

術數與宗教、修道

在這種思想之下，我國術數不單只是附屬於巫術或宗教行為的方術，又往往是一種宗教的修煉手段──通過術數，以知陰陽，乃至合陰陽（道）。「其知道者，法於陰陽，和於術數。」例如，「奇門遁甲」術中，即分為「術奇門」與「法奇門」兩大類。「法奇門」中有大量道教中符籙、手印、存想、內煉的內容，是道教內丹外法的一種重要外法修煉體系。甚至在雷法一系的修煉上，亦大量應用了術數內容。此外，相術、堪輿術中也有修煉望氣（氣的形狀、顏色）的方法；堪輿家除了選擇陰陽宅之吉凶外，也有道教中選擇適合修道環境（法、財、侶、地中的地）的方法，以至通過堪輿術觀察天地山川陰陽之氣，亦成為領悟陰陽金丹大道的一途。

易學體系以外的術數與的少數民族的術數

我國術數中，也有不用或不全用易理作為其理論依據的，如揚雄的《太玄》、司馬光的《潛虛》。也有一些占卜法、雜術不屬於《易經》系統，不過對後世影響較少而已。

外來宗教及少數民族中也有不少雖受漢文化影響（如陰陽、五行、二十八宿等學說。）但仍自成系統的術數，如古代的西夏、突厥、吐魯番等占卜及星占術，藏族中有多種藏傳佛教占卜術、苯教占卜術、擇吉術、推命術、相術等；北方少數民族有薩滿教占卜術；不少少數民族如水族、白族、布朗族、佤族、彝族、苗族等，皆有占雞（卦）草卜、雞蛋卜等術，納西族的占星術、占卜術，彝族畢摩的推命術、占卜術……等等，都是屬於《易經》體系以外的術數。相對上，外國傳入的術數以及其理論，對我國術數影響更大。

曆法、推步術與外來術數的影響

我國的術數與曆法的關係非常緊密。早期的術數中，很多是利用星宿或星宿組合的位置（如某星在某州或某宮某度）付予某種吉凶意義，并據之以推演，例如歲星（木星）、月將（某月太陽所躔之宮次）等。不過，由於不同的古代曆法推步的誤差及歲差的問題，若干年後，其術數所用之星辰的位置，已與真實星辰的位置不一樣了；此如歲星（木星），早期的曆法及術數以十二年為一周期（以應地支），與木星真實周期十一點八六年，每幾十年便錯一宮。後來術家又設一「太歲」的假想星體來解決，是歲星運行的相反，週期亦剛好是十二年。而術數中的神煞，很多即是根據太歲的位置而定。又如六壬術中的「月將」，原是立春節氣後太陽躔娵訾之次而稱作「登明亥將」，至宋代，因歲差的關係，要到雨水節氣後太陽才躔娵訾之次，當時沈括提出了修正，但明清時六壬術中「月將」仍然沿用宋代沈括的起法沒有再修正。

由於以真實星象周期的推步術是非常繁複，而且古代星象推步術本身亦有不少誤差，大多數術數除依曆書保留了太陽（節氣）、太陰（月相）的簡單宮次計算外，漸漸形成根據干支、日月等的各自起例，以起出其他具有不同含義的眾多假想星象及神煞系統。唐宋以後，我國絕大部分術數都主要沿用這一系統，也出現了不少完全脫離真實星象的術數，如《子平術》、《紫微斗數》、《鐵版神數》等。後來就連一些利用真實星辰位置的術數，如《七政四餘術》及選擇法中的《天星選擇》，也已與假想星象及神煞混合而使用了。

隨着古代外國曆（推步）、術數的傳入，如唐代傳入的印度曆法及術數，元代傳入的回回曆等，其中我國占星術便吸收了印度占星術中羅睺星、計都星等而形成四餘星，又通過阿拉伯占星術而吸收了其中來自希臘、巴比倫占星術的黃道十二宮、四大（四元素）學說（地、水、火、風），並與我國傳統的二十八宿、五行說、神煞系統並存而形成《七政四餘術》。此外，一些術數中的北斗星名，不用我國傳統的星名：天樞、天璇、天璣、天權、玉衡、開陽、搖光，而是使用來自印度梵文所譯的：貪狼、巨

門、祿存、文曲、廉貞、武曲、破軍等,此明顯是受到唐代從印度傳入的曆法及占星術所影響。如星命術中的《紫微斗數》及堪輿術中的《撼龍經》等文獻中,其星皆用印度譯名。及至清初《時憲曆》,置閏之法則改用西法「定氣」。清代以後的術數,又作過不少的調整。

此外,我國相術中的面相術、手相術,唐宋之際受印度相術影響頗大,至民國初年,又通過翻譯歐西、日本的相術書籍而大量吸收歐西相術的內容,形成了現代我國坊間流行的新式相術。

陰陽學——術數在古代、官方管理及外國的影響

術數在古代社會中一直扮演着一個非常重要的角色,影響層面不單只是某一階層、某一職業、某一年齡的人,而是上自帝王,下至普通百姓,從出生到死亡,不論是生活上的小事如洗髮、出行等,大事如建房、入伙、出兵等,從個人、家族以至國家,從天文、氣象、地理到人事、軍事,從民俗、學術到宗教,都離不開術數的應用。我國最晚在唐代開始,已把以上術數之學,稱作陰陽(學),行術數者稱陰陽人。(敦煌文書、斯四三二七唐《師師漫語話》:「以下說陰陽人謾語話」,此說法後來傳入日本,今日本人稱行術數者為「陰陽師」)。一直到了清末,欽天監中負責陰陽術數的官員中,以及民間術數之士,仍名陰陽生。

古代政府的中欽天監(司天監),除了負責天文、曆法、輿地之外,亦精通其他如星占、選擇、堪輿等術數,除在皇室人員及朝庭中應用外,也定期頒行日書、修定術數,使民間對於天文、日曆用事吉凶及使用其他術數時,有所依從。

我國古代政府對官方及民間陰陽學及陰陽官員,從其內容、人員的選拔、培訓、認證、考核、律法監管等,都有制度。至明清兩代,其制度更為完善、嚴格。

宋代官學之中,課程中已有陰陽學及其考試的內容。(宋徽宗崇寧三年〔一一零四年〕崇寧算學令:「諸學生習……並曆算、三式、天文書。」)「諸試……三式即射覆及預占三日陰陽風雨。天文即預

定一月或一季分野災祥，並以依經備草合問為通。」

金代司天臺，從民間「草澤人」（即民間習術數人士）考試選拔：「其試之制，以《宣明曆》試推步，及《婚書》、《地理新書》試合婚、安葬，並《易》筮法、六壬課、三命、五星之術。」（《金史》卷五十一‧志第三十二‧選舉一）

元代為進一步加強官方陰陽學對民間的影響、管理、控制及培育，除沿襲宋代、金代在司天監掌管陰陽學及中央的官學陰陽學課程之外，更在地方上增設陰陽學課程（《元史‧選舉志一》：「世祖至元二十八年夏六月始置諸路陰陽學。」）地方上也設陰陽學教授員，培育及管轄地方陰陽人。（《元史‧選舉志一》：「（元仁宗）延祐初，令陰陽人依儒醫例，於路、府、州設教授員，凡陰陽人皆管轄之，而上屬於太史焉。」）自此，民間的陰陽術士（陰陽人），被納入官方的管轄之下。

至明清兩代，陰陽學制度更為完善。中央欽天監掌管陰陽學，明代地方縣設陰陽學典術，各縣設陰陽學訓術。陰陽人從地方陰陽學肄業或被選拔出來後，再送到欽天監考試。（《大明會典》卷二二三：「凡天下府州縣舉到陰陽人堪任正術等官者，俱從吏部送（欽天監），考中，送回選用；不中者發回原籍為民，原保官吏治罪。」）清代大致沿用明制，凡陰陽術數之流，悉歸中央欽天監及地方陰陽官員管理、培訓、認證。至今尚有「紹興府陰陽印」、「東光縣陰陽學記」等明代銅印，及某某縣某某之清代陰陽執照等傳世。

清代欽天監漏刻科對官員要求甚為嚴格。《大清會典》「國子監」規定：「凡算學之教，設肄業生。滿洲十有二人，蒙古、漢軍各六人，於各旗官學內考取。漢十有二人，於舉人、貢監生童內考取。附學生二十四人，由欽天監選送。教以天文演算法諸書，五年學業有成，舉人引見以欽天監博士用，貢監生童以天文生補用。」學生在官學肄業、貢監生肄業或考得舉人後，經過了五年對天文、算法、陰陽學的學習，其中精通陰陽術數者，會送往漏刻科。而在欽天監供職的官員，《大清會典則例》「欽天監」規定：「本監官生三年考核一次，術業精通者，保題升用。不及者，停其升轉，再加學習。如能黽

勉供職，即予開復。仍不及者，降職一等，再令學習三年，能習熟者，准予開復，仍不能者，黜退。」除定期考核以定其升用降職外，《大清律例》中對陰陽術士不準確的推斷（妄言禍福）是要治罪的。《大清律例・一七八・術七・妄言禍福》：「凡陰陽術士，不許於大小文武官員之家妄言禍福，違者杖一百。其依經推算星命卜課，不在禁限。」大小文武官員延請的陰陽術士，自然是以欽天監漏刻科官員或地方陰陽官員為主。

官方陰陽學制度也影響鄰國如朝鮮、日本、越南等地，一直到了民國時期，鄰國仍然沿用著我國的多種術數。而我國的漢族術數，在古代甚至影響遍及西夏、突厥、吐蕃、阿拉伯、印度、東南亞諸國。

術數研究

術數在我國古代社會雖然影響深遠，「是傳統中國理念中的一門科學，從傳統的陰陽、五行、九宮、八卦、河圖、洛書等觀念作大自然的研究。……傳統中國的天文學、數學、煉丹術等，要到上世紀中葉始受世界學者肯定。可是，術數還未受到應得的注意。術數在傳統中國科技史、思想史，文化史、社會史，甚至軍事史都有一定的影響。……更進一步了解術數，我們將更能了解中國歷史的全貌。」（何丙郁《術數、天文與醫學中國科技史的新視野》，香港城市大學中國文化中心。）

可是術數至今一直不受正統學界所重視，加上術家藏秘自珍，又揚言天機不可洩漏，「（術數）乃吾國科學與哲學融貫而成一種學說，數千年來傳衍嬗變，或隱或現，全賴一二有心人為之繼續維繫，賴以不絕，其中確有學術上研究之價值，非徒癡人說夢，荒誕不經之謂也。其所以至今不能在科學中成立一種地位者，實有數因。蓋古代士大夫階級目醫卜星相為九流之學，多恥道之；而發明諸大師又故為惝恍迷離之辭，以待後人探索；間有一二賢者有所發明，亦秘莫如深，既恐洩天地之秘，復恐譏為旁門左道，始終不肯公開研究，成立一有系統說明之書籍，貽之後世。故居今日而欲研究此種學術，實一極困難之事。」（民國徐樂吾《子平真詮評註》，方重審序）

現存的術數古籍，除極少數是唐、宋、元的版本外，絕大多數是明、清兩代的版本。其內容也主要是明、清兩代流行的術數，唐宋或以前的術數及其書籍，大部分均已失傳，只能從史料記載、出土文獻、敦煌遺書中稍窺一鱗半爪。

術數版本

坊間術數古籍版本，大多是晚清書坊之翻刻本及民國書賈之重排本，其中豕亥魚魯，或任意增刪，往往文意全非，以至不能卒讀。現今不論是術數愛好者，還是民俗、史學、社會、文化、版本等學術研究者，要想得一常見術數書籍的善本、原版，已經非常困難，更遑論如稿本、鈔本、孤本等珍稀版本。

在文獻不足及缺乏善本的情況下，要想對術數的源流、理法、及其影響，作全面深入的研究，幾不可能。

有見及此，本叢刊編校小組經多年努力及多方協助，在海內外搜羅了二十世紀六十年代以前漢文為主的術數類善本、珍本、鈔本、孤本、稿本、批校本等數百種，精選出其中最佳版本，分別輯入兩個系列：

一、心一堂術數古籍珍本叢刊
二、心一堂術數古籍整理叢刊

前者以最新數碼（數位）技術清理、修復珍本原本的版面，更正明顯的錯訛，部分善本更以原色彩色精印，務求更勝原本。并以每百多種珍本、一百二十冊為一輯，分輯出版，以饗讀者。

後者延請、稿約有關專家、學者，以善本、珍本等作底本，參以其他版本，古籍進行審定、校勘、注釋，務求打造一最善版本，方便現代人閱讀、理解、研究等之用。

限於編校小組的水平，版本選擇及考證、文字修正、提要內容等方面，恐有疏漏及舛誤之處，懇請方家不吝指正。

心一堂術數古籍　珍本　叢刊編校小組
心一堂術數古籍　整理
二零零九年七月序
二零一四年九月第三次修訂

雲間蔣杜陵先生訂定

錫山章氏增補闡義

天元五歌

可久堂藏板

天元歌原序

昔我師授我以玉函之秘目天氣生魂地氣生魄陰陽
魂魄造化之精英性命之根底於是乎寓焉若祖宗父
每葬不得所則二象薄蝕五行爲災身且不保而何有
於延年獲福今授子以玉函之秘山原水國二宅奧樞
能窮其旨是卽人世金丹但天道深微傳非其人毫釐
千里適足自誤誤人爾於是薰沐敬受而微言妙義不
克驟通小慣則昏旦失經大疑則寒暑易序比其曉悟
星歲十週又復遍考遺踪驗其得失蓋軼掌者二十年

胼胝者數千里乃得內無惑思外無疑製故顧廣志毀

嘗持奧義以贈後人而見淺見深多方岐誤或始信而

終疑或得半而自足或以僞而亂眞眞欲求通曉良爲不

易惟橋李沈生于生及同郡王生輩資性腴篤服膺不

衰丁酉之歲偕我周生翱翔入越越之彥士觴予於宛

委之山惟時同遊者多人呂子相烈求卜一邱奉藏母

嬰并於宛委南麓爲定馬鬣之封而呂子之再從叔師

瀋及弟洪烈先與予詩酒倡和得意忘形縞帶紵衣顧

言古處呂氏諸子之定交於予匪朝伊夕矣夫於越諸

西樹于金庭天姥委于四明若邢霄客之所都居羽人
之所遊衍願隨同好之士披衣嵐岫坐嘯巖阿以接酉
戌之後歲必適越三浙以東虞江以西足跡幾遍呂子
同遊日久山川之變態心目洞然又欲周知昔人裁制
之法而進問於予予遵奉師訓敬授以玉函秘義而總
其要爲天元歌五篇呂氏世族代產聞人挺滋後昆詎
慚先哲是能曲暢斯歌不晦雲陽之旨使有覺之類咸
識慎終則太始之餘巧未必非利濟之全能也以是窮
探道奧夫豈遠乎

順治巳亥日月會於元枵之次中陽大鴻氏題於會稽

之樵風涇

自序

書籍傳寫之本久則滋訛魯魚帝

虎自古然也即其書無闕重輕閱

者猶以為恨而況醫者之於疾堪興

者之於墓宅生死之所寄安危之所

分吉凶禍福捷若影響一字之誤寔

當千里其為利害可不慎哉天元

五歌山龍水龍陰宅陽宅巒頭理

氣分門別類明白曉暢靄靄申明

天玉青囊之所以結乃堪輿書之

最要者也其書幾遍天下而迄今尚

無刻本轉輾傳寫舛錯紛紜歲在

庚辰僕於連雲廬館中適見原本

因取世所傳本按正訛繆又因原

註簡略恐所以然之理言之有未盡

悲謠說之流行迷途之莫返故不揣

檮昧增補闡義以發明之亦猶蔣

公作歌之意云尔

道光三年季冬朔無心道人識於

維揚崔氏之宜雅堂

保墓良規

古卿大夫爲石槨三年不成孔子聞之尚有速朽之嘆。

今人稍有資財亦爲石槨砌石工竟有四五年而不成

者。如此造作傷龍脉泄地氣其弊不可勝言。古人擇地

必取有氣之地足以承天俾陽和之氣下浹於地天地

生氣交接自無潮濕之患乃不思使其交接反用石板

舖塞使天地之氣隔絕日久月長水蓄棺槨勢所必然

其弊一也。方當盛時壙丁有意損傷年脩年塌藉爲利

藪及其衰也工程圯壞壙丁竊取爲坑爲厠無所不至

祖宗經紀在前今日反為下人遭塌其弊二也甚至不
肖子孫乃曰某可以變錢某可以易米當其造作之時。
惟恐他人毀壞工作堅固不料子孫親自拆毀陷於不
孝其弊三也種種弊端都由磚石之所招耳僕思彼之
厚葬不過欲其悠久不替以盡為子之道然非大忠大
孝大有功德於天下者焉能冥冥呵護耶今為世之有
力者計將此石工之費買田數十百項設立義庄使死
者。生貧苦長享其利如此不特墳丁無所施其詭技不肖
無所售其妄想俾世世子孫承天之麻永保無疆非萬

全之策哉。

卷之五

選擇　　　　　附保墓良規

附元空秘旨

天元五歌闡義卷之一

雲間蔣大鴻氏撰
錫山無心道人注

天元歌一　總義

門人

古吳徐嘉穀
湖州陳陶生　同較
長洲柯遠峰
金匱陶康吉
子雲仍仝

一元浩氣涌三象混沌初開氣升降○天清地濁成兩儀○
陰陽互根氣來往山川土石象中氣○日月星辰氣中象○
二氣相抱不相離濁陰本是清陽相惟有人為萬物靈○
品配乾坤號參兩一人自具一天地卓立三才不相讓○
元陽本是天中來形從大地產根荄至人父天而母地○

此是生成妙化裁天元降在地元中猶如父母搆成胎

十月嬰胎非父職三年乳哺母之懷人生本天而親地

地靈原是天靈栽天地合體地受天氣而生以推原地

氣蔭人　此章言陰陽一氣天地一體而人與

之本

太初無形之氣始於一陽此氣浩蕩無邊包含萬象○

豈三象而萬象咸在其中矣混沌是清濁未分之謂○

清氣升濁氣降兩儀由此分陰陽由此運四時由此

行萬物之所以胚胎卽是萬物之太初卽是萬物之

一陽也地不得天○則無所以成天不得地則無所以

生天地陰陽無一息之離乃萬物生生化化之機也

且山川草木在地之有象者也而春榮秋落升騰蟄

藏卽是象中之氣日月星辰在天之有氣者也而斗

轉星移弦望晦朔乃是氣中之象靜與動陰與陽形

與氣上下相須而生生不息者乃天地萬物生化自

明之亦猶大易男女媾精萬物化生之義云爾

然之妙也其妙難以明言故將父母嬰胎之意以發

生時衣食居厦屋萬寶地產名天祿由來宅相福生人

帝室皇居壯京國死時埋骨歸於土反本還原義反覆

還從地氣吸天光變化蒸嘘露金玉。此章言陰陽二宅皆天氣陽精反本

化生之妙。

順天之氣則生違天之氣則死乃萬物生化自然之

理也夫人之生也一呼一吸即與天地之氣息息相

通非但生者得此以生即化者亦得此以化反本還

原端賴有形之質足以承天無形之氣足以生質質

生氣氣生質天地合其德體用合其宜上行下效陰

陽往來變化蒸嘘子孫之休咎從此出矣

煉陰仙客解冲虛凡骨猶能化百族吉成龍鳳衆靈奇。

凶作蟲蟻諸惡毒。精魂苦樂人不知。但見子孫生禍福。

聖賢仙佛也難逃。帝王將相莫自豪。各有山川來蔭應。

今來古往不相饒。最小千金傭販子。亦沾微潤樂陶陶。

不然無祿並絕世。墓宅不爽爭秋毫。此章言品類不齊之應。

上文所言承生氣者。是承氣運消長之生氣也。葬埋

承此生氣則骸骨與此氣交合結成諸般靈物。若背

此生氣而承衰退。則骸骨與衰氣交合結成諸般惡

毒。是所謂氣以成形者也。夫此盈虛消長之氣陰陽

往來之理。雖聖賢仙佛將相帝王。猶不能逃其範圍。

況在中人以下哉。

所以聖人重此道遷幽卜洛何焦勞後來名賢朱蔡輩。

煌煌書冊議最高。

歷敍上下數千百年大聖大賢。仰觀俯察卜洛遷幽。

以證千古一法也。自一行以來偽法雜出偽者淺而

易曉眞者奧而難明間有知者又恐天律有禁不敢

輕洩於是大元空一法從此而軼其說惟蔣公得無

極眞傳註辨正作五歌數萬餘言發明天玉青囊之

旨天心一卦之端錯綜變易之機陰陽動靜之理幾

瞭如指掌矣。

無奈瞽儒識見偏謬。言求禍云違天世上惜財薄葬者。

附會此說以文懫。一曰偸安抛父骨世代凋零百不全。

直使子孫貧天絕不孝莫大豈爲賢覆槨翻棺并腐骨。

父母魂魄更堪憐。此章言後儒失先賢遺意陷人於大大不孝。

先儒固有不信地理之說。惟其德可回天天故祐之。

人定勝天之理也。後人無其德而託其說竟不擇可

否而惑諫違卜遂致覆槨翻棺諸惡畢備夫爲子之

道養當盡其敬葬宜盡其力親安則子安子安則親

愈安矣。可不慎哉。可不慎哉。

世間萬事半荒唐。惟有陰陽不可當。不笑不言三尺土。

掌握禍福急如火。笑人不重祖父墳。只望花開不看根。

僧道乳母且相應。繼子外甥如嫡親。墓宅較量看。

新墳舊墓也相參。墓宅兩興宜鼎盛。宅墓兩廢斷人烟。

宅凶墓吉見孫慶。墓凶宅吉眼前歡。祖父新阡沾殺氣。

高曾福蔭他房去。寒林忽發一枝榮。若非新宅必新塋。此章言地有必應

吉少凶多禍來短。吉多凶少禍來輕。之理墓宅新舊參

合應驗不可以一概論

此以僧道乳母繼子外甥甚言墳墓之應驗也。銅山

西崩靈鐘東應。理有固然無足怪者。然新墓舊墓陰

基陽基須當兼看。而新墓尤為緊要耳。

更看屍骸寒與暖。歲久骨枯取效緩。惡山惡水倘曾埋。

銷盡陰霾氣方轉。初喪新骨天靈完。葬乘生氣朝花鮮。

更遇嫩山并嫩水。一紀之內錦衣還。并將宅氣來相輔。

早田院裡出官班。此章言墓氣速應之法。

專言歲久骨枯之患。卽葬吉地須候陰寒之氣消盡。

生氣方能轉機。新骨是一年半載三月五月之謂也。

再求嫩山嫩水用法得宜自能一葬便與父發子榮。

世之白屋公卿毎多如是乃新骨取效之應驗也。

莫說生來命數奇地元一得天星移此是至人造命訣。

二十八宿掌中齊。

地元者盈虛消長化生萬物之氣也墳地得此生氣

則子孫之生命亦隨之而轉移此卽生者命從葬考

定之說也

莫說窮通有骨相膝蛇變作雙龍樣此是仙家換骨方。

死骨不灰生骨壯回氣數之妙　此章言地理挽

此無命無數之說未免太偏歷觀世家大族祖墓必
佳卽傭販小康墳地亦吉大以成大小以成小古往
今來一毫不爽也非有一葬便與者有葬後不數日
而卽敗者敗與與其權皆在墳地無關命與相也然
則世之拘於命而不問地之可否者固非卽拘泥求
地而不順天理人情之自然者亦非也
勸君大地勿誤求大形大局少根由縱有千山幷萬水
與他穴氣不相投
山水二龍都以神氣滿足情形專一者為的所謂根

由者此也所謂相投者此也如坐下無氣精神漁散

箇中生意滿乾坤

二枝一泡山龍真一鈎一曲水龍神肉眼只嫌結局小

土色無神雖有萬水千山無益也

此言地不在乎大小在乎神氣而已卽一枝一泡二

鈎一曲果有神氣何患乎地之小哉苟無神氣何樂

乎其地之大哉肉眼拘拘於局之大小而不察地之

生死真假者謬矣謬矣

恨殺時師不識真常將假局賺他人謀占靈壇并舊墓

壞人心術少安寧豈知吉地方方有只在眉頭眼下尋

此章戒人勿貪大局而爲假地所誤

專言有意誤人之弊明知舊墳百計謀占翻動朽棺

腐骨甚至桑之溝壑將數千百年古塚磨滅心術如

是非但不能求福必招奇禍於目前卽經手用事之

人欲免災禍亦幾希矣至有不顧地之可否輕易遷

人祖墓而從中取利者甚有明知一葬便凶因其中

有小利可圖而不顧人者種種弊端一一指出爲將

來者戒

蔣生二十慈親喪。幾度拜人求吉葬。家破多因買地差。

身衰半爲尋師浪。幸遇眞人無極子授我玉函法眼藏。

十年冥悟徹元微。萬里探奇走烟瘴。識得天元造化根。

花前月下天機放。

此蔣公自言得師之難。身衰家破。均由不得明師之

故。幸遇眞人於遊方之外。從遊多年北走盛京南遊

烟瘴徧覽古今名墓參互考訂始窮其變而後花前

月下隨手拈來無非天機妙用爾。

此書不是術家書河洛龜龍太極圖羲文周孔心相契。

夏禹殷箕義不磨管郭遺文多偽托曾楊口訣世間無

若不傳心幷傳眼青囊萬卷總模糊天涯俛遇知音客

留取雲陽醉後歌

此章言我師自敍地學得傳之由發
明作歌之意而歸重於口傳心授。

理氣一法原本洛書卽九州井田宗廟明堂算學勾

股及堪輿醫藥卜筮之術皆由此而出故蔣公特舉

諸大聖人以證俯察之理本乎洛書之義也。

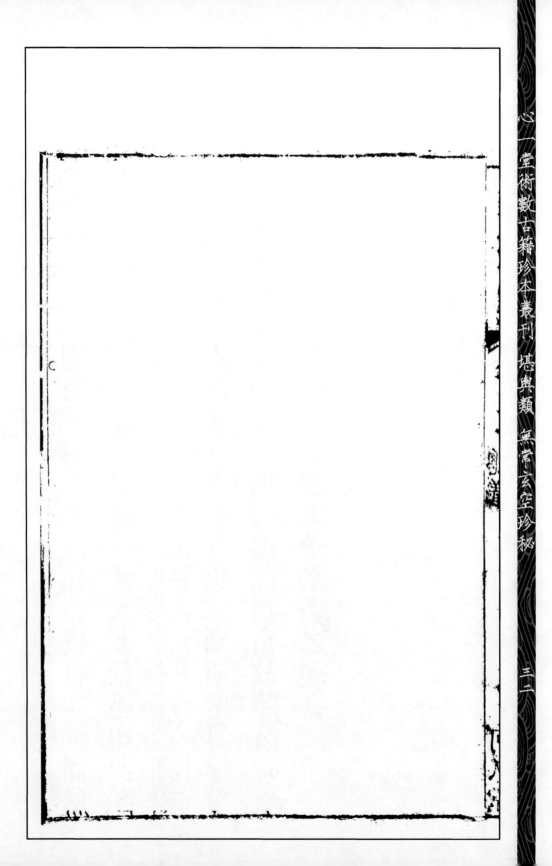

天元五歌闡義卷之二

雲間蔣大鴻氏撰

錫山無心道人注

門人

古吳　徐嘉穀

湖州　陳陶生　同較

長洲　柯遠峰

金匱　陶康吉

　　　子雲谷

天元歌二　山龍

昔日華山陳處士演成太極傳當世推原天地未分時。

只有坎離水火氣盤亙不相離清者爲天濁者地。

坎離一交成乾坤製造大圜如冶鑄黃輿乃是冶中灰。

水火煎烹積滓翳始大地山河成象之初。　首章推原渾天化生之

希夷先生演成太極推原天地未分其氣混沌只有

三三

可久堂

水火二氣升降虛元亙古不離摩盪不已清濁乃分

清者升而為天濁者降而為地清濁之所以升降都

由坎離水火。水火一息不離而能如是也。故曰生天地者

此氣生萬物者此氣也

山情剛燥火所凝骨骼支撐為砥柱崑崙高頂九霄中。

此是中天泰帝宮海外三山幾萬里總與此山脉絡通

陽脉東南來震旦如人正面向離風篤生聖哲臨夷夏

迥與肩背不相同。

此言中國大幹有三都從崑崙出脉在大江之左者。

為南幹。

此三幹都是崑崙山之正面所產聖賢迥異肩背此

背面內外之別山龍平岡不可不察也。

大幹三條分主輔三條各有帝王龍帝穴龍神五百里。

若然百里作王公但有特龍來數里亦許功名鑄鼎鐘

三條龍脉大勢

此章槩言中國

此論來龍之遠近長短以辨力量之大小也。

欲識龍行先識起龍若起時勢無比高山萬仞削芙蓉。

南嶽七十二峯峯之最高千里層巒皆俯視此龍多生

者名祝融與芙蓉在湖南

為南幹在黃河之左右者為中幹順天關東為北幹

木火形放下羣枝行八際一枝一葉有龍神正龍端向

中央去只把江南大勢看南龍起頂是黃山〔在江南在江左翼〕

九華開內輔右翼天目厳東藩〔在浙江〕正龍句曲神仙府

郎茅直到金陵龍虎蟠寧　是江山

此言幹龍氣勢雄健成星成體者每多木火南幹之

勢然也所言九華天目是謂江浙諸山直到金陵龍

蟠虎踞方是南幹之正結。

山形一起一龍分數起數分龍益尊龍神分去無非穴。

正幹偏枝力不均〔分宗枝幹之理〕此章言眞龍起祖。

此章專以山形之起分辨龍體之貴賤又辨正幹偏

枝力量之不齊此亦看龍之最要者也龍以分為貴

分則粗頑之氣脫盡水以聚為尊水聚則氣止氣止

水聚其情自然環向山龍平洋大勢然也凡山龍分

脉分枝必先起頂分下旁枝即為偏枝幹龍者一州

一郡或千里或數百里諸山莫高大於此山者謂之

幹或早晚有雲霧生其頂者亦謂之幹幹龍氣老結

穴最少果有真結力量最大偏枝旁脉力量稍殊正

幹者即數起數分之正脉也正脉來愈遠分愈多矗

山龍

可久堂

頑之氣愈盡此之謂分盡之分。

看龍看起復看斷凡屬真龍斷復斷斷時百里失真踪。

穿江渡海情無限山根委曲地中行不是仙人誰著眼。

此章言真龍
斷復斷之妙

上文論龍之起分此章言龍之跌斷蓋龍之分也必

先起而後分龍之起也必先伏而後起真龍之勢然

也此章不言伏而言斷者何也斷也者伏而將盡之

謂也伏而將盡其起必雄健故伏以斷爲貴也

識得斷龍方識結結穴元微最難說世人求穴近大山

且要案山龍虎夾。豈知大山龍未歇。縱有高藏反主賓。

真龍偏結曠野中。踴躍奔騰不怕風。饒他落在深潭裏。

也要平坡萬象空。好龍勇猛向前奔。從龍不及逆關門。

譬若神駒日千里。難將凡馬望其塵。亦似三春抽嫩笋。

從龍如籜抱其身。一朝雷雨千霄長。節高籜落不相親。

時師只怪無龍虎。真龍真虎穴中鎖。會得天然龍虎時。

浪打風吹皆樂土。 此章言真龍結穴變化之奇。而辨時師取用外砂之謬。

斷者伏也。凡真龍將到結穴時。必先伏而再起者為

貴至若出洋脫劫伏而起。起而伏穿江渡河踪跡端

倪最難著眼龍之結穴更屬元微深山老幹踴躍奔

騰頓跌起伏之情形人所易曉出洋脫劫變化不測

將到結穴時龍之踪跡愈變龍之機勢愈疾左右從

龍似有追從不及之狀俗眼毎因左右無砂棄而不

取要之眞龍結穴之際定不孤行外纏夾護隱隱相

從或貼身左右有蟬翼陰砂或有羅星關攔水口此

卽爲眞龍眞虎又爲天然龍虎識得此穴不拘湖蕩

圩邊風吹浪打之所皆成樂土也

龍神節節顧祖宗如子戀母遠相從若不祖山爲正案

另求特案配雌雄百里眞龍百里案賓主威嚴眞匹配

莫言作案便非龍但是高峯都不賤　此章言眞龍相

平洋對三义察血脉以辨龍之得失山龍看落脉辨　朝相顧之情形

穴情察神氣認生死以定穴之有無乃尋龍之要訣　也

也所云正案雌雄即齊眉入懷之類也

辨穴先須辨落脉落脉乃是穴消息頂上生峯脉頭角

兩旁開帳脉羽翼粗枝出細好花房老蚌生珠光滴滴

也有好龍無脉看高岡平阜只粗頑彼處祖宗多脫卸

數節之前骨相完

辨落脉必先辨開面之大小。然後再辨落脉之眞假。

如不開面而落者。不是貫頂。定是劍脊。此皆山龍之

所忌。如大開陽面而脉從中出。或從結頂開帳旁落。

有一段陽和之氣者。方是眞落脉。眞結頂。故云辨穴

必先辨落脉也。落脉秀嫩。似有似無。有呼吸浮沉之

動氣者。此乃辨有穴無穴之消息也。山龍凡有落脉。

必先起頂。亦有未起頂而先落者。亦有起頂而後落

者。亦有從肩落者。亦有從腰臍偏旁落者。種種不一。

老蚌生珠等語。是言老幹抽枝出脉處。有光彩奪目

之情狀也另有一種無脉可尋者必於數節之前脫

盡方眞山洋脫劫舞多如是

大率眞脉有二種連脉飛脉精神迥連脉眞踪在本山

飛脉他山復一湧本山定是結歪頭他山牛作拋珠弄

也有飛脉遠數里起伏愈多龍愈美時師只道餘氣長

或說羅星水口當豈識眞龍饒變化草蛇灰線最難詳

教君到此須求盡眞龍大盡貴非常近山飛脉不嫌上

遠山飛脉石中數若無眞土盡浮泥恐是人工難証取

此章詳辨眞

龍出脉變態

地形相連者爲連脈飛脈卽渡水穿田之類近山飛

脈雖不論土亦要堅細明亮爲佳遠山飛脈伏而起

起而伏渡水過河粗頑之氣已經脫盡必有眞土并

有石脈石骨者爲最吉也若無石脈又無眞土此地

必假所云抛珠垂頭是言飛脈連脈結穴之情狀草

蛇灰線是言龍脈隱微難於言狀故將草中蛇灰中

線以比之。

眞君細論石中機。石是山精骨髓滋。時師只怪石無穴。

誰道眞龍石始奇眞鉗眞窩石內藏眞龍眞虎石兩旁

誡得枕棺龍口石。千山玉乳灌心香。結穴之石此中推。

行龍之石脉胚胎不審其中元竅理。滿山頑石豈堪裁。

試言結穴有二品石穴土穴貴相準石穴端的是窩鉗。

慎莫鑿傷龍骨髓土穴太極暈中抱內象分明外象隱。

窩鉗土色不須論太極重輪仔細尋真土原來石變化。

不同凡土五華文世人鑿穴但求土若逢凡土枉勞神。

此章言石土
二穴真機

此節專論石穴石穴多結窩鉗窩鉗之石必須八字

分開即石脉與左右兩砂之石亦要分清主客塊塊

可入堂

有真情向穴者爲的石穴眞結定有眞土土眞其色
自異不必拘拘於五色也如土色頓異者即謂之暈
亦不必拘拘於重輪也果是眞結近穴諸石另有一
般神氣色澤宜細察之眞土開下二三尺即見其色
自與凡土不同并有開下數尺有小石如魚鱗者有
如冰紋者并有石板一平如鏡者即名枕棺石又爲
膝蓋石倘見此石斷不可鑿傷亦不可開動有洩眞
氣其下每有青鸞白鶴金鷄玉兎之類龜蛇魚蠏之
屬一見諸物斷不能受眞龍之全吉矣所言土穴滿

山是石獨下穴之處無石又有浮面是石開下數尺
是土者有來脉是石貼身起石頂開石鉗而結土穴
者種種結處每多極暈內象言土色重輪之象外象
是左右形局向背之情眞土變化不一難於盡舉惟
求明亮光潤堅細爲的也土有五色以黃爲正鑿穴
求土者斷不可拘於某龍土必某色之說夫龍氣
變化不測土色亦隨之而變化山山不同處處各別
堅潤而有神氣光彩者卽青黑亦眞粗鬆潮濕乾枯
而無神者卽紅黃必假要之在乎神氣而已何必拘

可久堂

於青黃赤白之呆法耶吾郡洪稚存太史之祖墓在
北門外數里地名前橋開下尺許土色如墨光彩射
人形方如几僅容兩棺其餘皆黃色後發鼎甲名垂
於後又有盛孟巖方伯之祖塋在郡之東夏墅土色
青如藍靛質堅如石葬後子孫父子兄弟多登科第
位皆通顯此卽青黑之吉者可以為証有土山起石
頂而結穴者有滿山頑石石下特起靈巧怪石數塊
而結穴者有平陽起石脉兩三節而結穴者并有圩
田之中特生石峰五六塊而結穴者有石形似牛馬

者有似巧雲者有似春笋者有似日月者有似連珠

者怪巧不可勝計惟據僕所見者誌之。大凡結穴

之石必要開面監立向穴者爲妙監則石性向上開

面向上水從石後必分水分下必有上而且乾暖矣

下必有水卽石性在數尺之間斷不能脫盡惟鬼撑

大忌橫斜冲射橫斜冲射性必向下水亦隨石而下

山脚山背之石每多如是

問君下穴有何法正龍正下是眞訣時師只說冲腦門

每向龍旁尋倚穴精華走失發不全左右偏枯房分絕

也有眞龍偏側走龍是側來穴是正此是龍身一轉頭。

結頂垂頭巧相稱。此章言下穴之法

正龍正下為專向龍旁尋倚穴者發也拘定於偏旁

求穴者固非即拘泥於正中求穴者亦非也只要穴

結於旁則旁穴結於正則正立穴得宜自無偏枯之

患矣夫眞龍行走之勢情狀不一惟側走偏落者背

面易分如回龍顧祖枝幹相朝種種每多側勢行走

之勢雖側到結穴之際或轉身出脉或起頂腰落結

頂垂頭之勢却與左右龍虎相稱此乃旁城假主之

勢耳。

語君結頂是眞訣。披肝露胆向君說。龍不起頂非眞龍

穴不起頂非眞穴。結頂名爲眞穴星穴星圓暈產眞金

世間萬寶金爲貴此是眞陽露妙形眞龍大地皆同體。

遇著眞金莫放行亦有穴星兼四曜不離金體是眞精。

此章言眞

穴起頂

眞龍起頂處。即是眞氣脫胎出脉之所脫胎出脉之

左右自有護帶纏送蟬翼陰砂如八字樣護衛兩旁。

方爲眞結頂又爲眞出脉此等落脉到頭定結穴星

天元五歌闡義　卷　山龍

何久堂

穴星亦要起頂。如穴星不起頂。則眞氣不聚立穴無

據。故曰非眞穴也。穴星圓暈是言穴星之形象也。起

頂結穴者。每多金體所謂眞陽露妙形者是也。

無極天元無別說只曉眞龍并眞穴。識得眞龍與眞穴

天機造化任我奪不得眞龍與眞穴。我師更有方便法

旁枝旁脉有來情只要穴後生一突緊粘突下作穴塋。

此法名爲接氣訣八丁財祿兩豐盈亦堪衆子登黃甲。

君看當令富貴墳大都接氣非眞結氣穴法。此章言接

來情者脉線之謂也凡突必要來情方爲眞突用接

氣法葬之自能發福但有突而無來情便是假突此

種穴法最易誤人故特辨之再者雖有來情亦要辨

清來情之背面生死而後用之接氣二字之奧自得

亦有真龍向前行腰間脊上有三停湊著龍身下一穴

此作騎龍斬氣名 此章言騎龍斬氣法

騎龍斬關是看龍尋穴之法龍有起伏頓跌潤狹縱

放之勢有開帳起頂曲動行止之情凡跌者伏者收

而束細者此皆龍氣變化分脉分枝自然之勢也古

人所云峽前峽後可尋龍者此也大地都從腰裡落

亦此也凡過峽束氣之前後腰間脊上稍有動氣情

形呼吸浮沉之嫩脉下穴於此謂之斬氣又名貼脊

真氣將伏未伏之際左右前後從送必有欲前不前

之勢欲止不止之情將起未起之際必有迎前送後

之情形下穴於此謂之騎龍騎龍之穴堂局砂水及

有天然局面者爲的也

一切用神都以左右之迎前送後者爲貼身之輔從

真龍餘氣本非穴撞背來時氣未絕亦有龍旁一脉垂

是號流神皆可發世人見發說穴真豈意龍頷剩明月

此章言不得真穴而得

餘氣流神亦能發福也

偏側分枝有動氣者謂之旁脉流神二字以狀動脉

情形似水之流動也

嘱君受穴緊中粘莫嫌湊煞出球簷得龍脱脉真元散

受水乘風禍不淺

此章申言葬法不宜脱氣以下直指山穴諸忌格

立穴之法先看其情形相其動靜察其左右觀其照

應當緊則緊當寬則寬隨地適宜總以接氣為佳斷

不可脱龍脱脉山形高低起伏頓跌曲動變化不測

有類龍之情狀者故謂之龍也龍也者變化不測之

謂也脉也者聚精會神之謂也細而軟動而微和而

緩如人之六脉一般有呼吸浮沉之動氣者是也葬

宜得龍得脉為要如弗得龍脉用於偏旁界水之際

難免受水乘風之患矣

我有真人枕中記說盡葬山諸大忌一一分明告世人

廣渡羣迷長生意第一切忌下空窩空窩積水寒氣多

葬下淤沮骨腐爛子孫絕滅可奈何凡有水淋生大咎

左淋長子先不宥右淋小子少安寧當背淋來皆莫救

大凡窩穴必先起乳突而後開窩窩中再吐唇毡此

為真窩但有窩上無乳突。下無唇毡便是空窩此窩

水必多故以此為第一忌也

穴無貼肉若坐空定有淋漓向穴冲水流割脚猶堪忍。

水若淋頭立見凶。此章言山穴忌空窩

忌淋頭平陽忌割脚

貼肉卽球簷之別名坐空非平洋坐水之空謂下穴

於無貼肉之所卽為坐空穴無貼肉自有水淋之患

第二切忌下平坦穴居平坦真情散坐後全無貼體星

平坡潒蕩生憂患此章言穴

忌平坦

平坦必須界水清楚脉有來情穴之丁財亦足但得

平曠毫無起伏無泡無突無收無束又無貼體星辰。

又無小水界清來脉入首又無動氣此謂之真平坦

平坦之地氣散局寬立穴無據定有蟲蟻水濕風吹

氣散之憂故以此為第二忌也。

第三莫下天風刧高山頂上空無穴高而有穴不為空。

無穴天空真刧煞八面風搖骨作塵此是風輪不可說。

此章言穴
忌天風。

山頂穴貼身左右。必須陰砂抱繞石紋拱向藏風聚

氣結成窩鉗之形而有天然局面者為的卽前後左

有之護從必須面面相向　山山環繞層巒拱照者為
的也若四勢邊有邊無從山牛向牛背貼身又無陰
砂抱繞便是天空劫煞下後災禍立見骸骨易化為
塵故以此為第三忌也○高山頂上結穴最少即有
都是神廟仙壇多因結穴孤露而應如是。
第四莫下龍脇背龍自他行氣不聚。縱然穴後不空虛。
牆頭壁下無根蒂。此章言穴忌脇背
背即背面之背砂飛水反亦謂之背大凡形反者情
不丙顧山背者氣必他行故此山龍平洋凡背俱忌、

山龍

脇卽左右偏旁餘氣已盡之處雖在正面眞氣不到

卽有後山與穴毫無干涉故曰牆頭壁下也如貼身

另有小水界淸來氣則氣聚內堂又有一點眞水止

蓄於穴前則氣止有此一止則無所不止矣主山朝

案雖是借用下之亦能發禍若脉無水界水無止蓄

穴之災禍雖不立見子孫定主伶仃故以此爲第四

忌也○以上種種都非的穴之眞情似是而非恐人

誤認故特指之

總之眞穴少人知只言怪穴不易窺正穴正情原不怪

須將福德合天機

此章言真穴非怪惟有德者當之以下皆辨時書俗術從來之誤

有怪穴無怪龍識得眞龍千變無窮之態方知怪而

不怪之妙矣正穴正情者謂龍易識穴易知卽端頭

正而人人共識之地也然其用法之得失全在乎人

之福德方能湊合天機何況怪而奇者乎

恨殺堪輿萬卷經當年曾有滅蠻名假托曾楊爲正訣

此言堪輿書之誤人由來已久自唐一行造滅蠻經

不悞蠻夷誤後生

至今不悟故蔣公特爲指明以醒當世也

陰陽兩淨卦中來陽龍節節是陽胎陰龍剝換亦如此

只取清純向首排　此章力辨俗術淨陰淨陽之非

淨與不淨即出卦不出卦之意山在山之卦內水在

水之卦內山得山之用法水得水之用法此謂之兩

淨又謂之清純如辨龍體之陰陽則以開陽開面者

為陽收束收歛者為陰如論氣運消長之陰陽則又

以長者為陽消者為陰來者為陽往者為陰也如論

干支顛倒之陰陽則又以隨時轉陽者為陽隨時轉

陰者為陰也斷不是某干屬陽某干屬陰之呆法可

知矣。

若是嫩龍終是嫩乾坤辰戌皆英俊若是老龍終是老

巽辛亥艮未爲寶　此章力辨俗術以巽辛亥艮爲嫩乾坤辰戌爲老之非

龍之老嫩生死是言龍體之形勢活動者爲生直硬

者爲死秀嫩滋潤者爲生粗頑乾枯者爲死斷不是

左水到右右水到左掌上排得長生官旺者爲生死

也又不是乾坤辰戌巽辛亥艮之老嫩也所言老嫩

是氣勢情形之老嫩非方位干支之老嫩讀者莫誤

浪說貴陰而賤陽天下奇龍阡葬少五星只取影神形

九星變化亦非真。此章辨貴陰
賤陽之非

此節申言世俗誤認方位五行而論龍體陰陽貴賤
之非即拘五星九星之變體而定貴賤者亦非也。

撰出後天生與尅豈解先天大五行先天五行無生尅。

一陽變化皆太極真木原從火裏生真金本是水中出。
語君休忌尅胎龍木金水火原非逆行生尅之非此專辨星體五
此言俗術以來龍之星體方位之五行辨來龍來水
生尅之非

更把方隅分五行左迴右轉別陰陽生方旺地求高峻

笑時師掌上尋。

此言諸家五行將陰陽呆裝於二十四山再以水之

左來右到分陰陽而立向消納者甚屬可笑豈有活

潑靈動之機隨時變易之理硬派於二十四干支亘

古不移有是理乎

生龍本有生之情死龍亦有死之形生生死死隨龍變

豈在方隅順逆行〔此辨方位五行生旺墓絶之非〕

龍之生死是言龍之形勢氣色之榮枯精神之有無

氣運之得失而辨生死非以方位干支而論也

或取喝形來點穴。此是仙人留記訣好穴難將告後人。

記取真形揣摩合混沌初分卽有山世間萬物後來添。

器物衣冠時代異那得生成太古前子微玉髓巧分明。

只爲峰巒論應星若說龍胎眞有相後人虛揣失眞情。

點穴之非

此章辨喝形

喝形點穴之法先識龍眞穴的。再看星體巒頭或有

穴情與形相肖者方喝某形此是仙人指敎後學揣

形求穴之法也。今人不辨龍之有無氣之生死情之

向背穴之眞假一見山形水勢有類龍蛇者卽以龍

蛇穴法下之。有類牛馬者卽以牛馬穴法下之。有類

衣冠物件者卽以衣冠物件下之。隨形下穴執此牢

不可破之見甚屬可笑夫山川之情性變化不測穴

情之隱顯偏正不一豈可拘拘一形有失山川千變

無窮之妙耶

山上龍神不下水。先賢眞訣分明語時師郤把水來輪

衰旺順逆紛無已。誰知水法不關山失水乾龍會上天

直瀉直奔皆不忌蝦鬚蟹眼莫求全　此辨山穴兼　論水法之非

一山龍葢以山爲主旣以山爲主當以山爲用是理之

當然也何故不用山而反以水之左來右到衰旺病

絕紛紛無已耶

雲陽本是先天老衆說紛紛如電掃血淚沾襟歌復泣

天機泄盡誰人曉

此卷蔣公非為巒頭而作謂世俗誤聽偽法認真為

假認假為真舉世若盲迷而不悟為害莫有大於此

者故作此歌及辨偽諸篇將假法之所由一一指出

又將山水分用之法重言以詳辨之耳

天元五歌闡義卷之二終

天元五歌闡義卷之三

雲間蔣大鴻氏撰

錫山無心道人註

門人

古吳徐嘉穀
湖州陳陶生　同較
長洲柯遠峰
金匱陶康吉
子圓陶　雲　仝仐

天元歌三　平洋

天下平洋大地多平陽龍法更如何世人盡失平洋訣。

山有山之龍神水有水之龍神山有山之用法水有

水之用法青囊天玉辨之已詳今因水龍之法世人

盡失其傳誤把山龍之法下求乎水故此首章卽指

却把山龍涵揣摹。

其槳。而于下文申言水龍之體用也。○平陽龍法蓋
有數種如山東一帶水深土厚地勢平曠連綿數千
百里起伏行止來蹤去跡無從捉摸此謂之平原平
原取用之法與山龍兼得水龍者相等惟平原之水
都是田源溝渠之類須從隱隱微茫之際看水之聚
不聚再看氣之止不止水聚穴必結于此矣平
原之法雖未盡舉實不外乎此又有一種氣勢雄徤
屈曲活動來有踪去有跡起有頂伏有斷一切行度
有類山龍惟不及山龍之高且大耳此謂平崗平崗

取用之法亦以山水兼得爲佳如嘉湖地氣平薄水

多氣散地形相連遠者數里近則一里半里而已卽

其起伏高低不過數寸之間此謂之平洋平洋氣散

水漢甚難著眼須從隱隱微茫之際看其氣之聚不

聚再看水之止不止氣聚水止是爲眞結平洋取用

之法原不異山龍異于以水爲龍也又有一種龍身

潤大地勢開陽多縱放少收束則有類平崗而無

其結鍊放則似乎平洋又較爲稍厚去跡來踪亦可

明白此謂之平陽平陽尋穴之法以氣止水交主賓

相得爲要也。

平陽原不與山同郭璞分明說水龍。水龍一卷從來秘。

不敢輕傳洩化工我代雲陽行普渡一言萬古鑿鴻濛。

神呵鬼責甘心受造福生民在掌中。

此言水龍之法始于郭璞郭楊會亦宗此法恐洩天

機故前人秘而不敢宣也惟我雲陽一片救世之心

竟將元機盡洩造福生民以廣天心仁愛之功鬼責

神呵亦所不計也。

山形來落有根原大地平鋪一片毡首尾去來無定所。

分枝過峽不須言莫把高低尋起伏休猜渡水復穿田。

此言山水二龍。

之用法水有水之用法耳。

山是真陽神在骨地是純陰精在血山常葬骨不離肉

地惟葬肉不離血人言生氣地中求豈知地氣水邊流

流到水邊逢水界平原浩氣盡兜收。

來脉
迥異

大凡龍得水則活氣得水則聚脉得水則清穴得水

則的水行則氣行水止則氣止陰陽自然之理也。

此言山水二龍形體之不同即下穴立向亦山有山

之用法水有水之用法耳。

此發明平洋之穴以水為龍與山龍

卷之三 三

到水邊又逢水界氣止水交穴必結於此矣所言骨

不離肉肉不離血高山平陽體用交盡于此矣

水龍原不異山龍將水作山以類從水龍即是山龍樣

支幹分行事事同大江大河幹龍形小溪小澗支龍情

幹水潴蕩少眞穴猶如山高無正結支水屈曲情相得

譬若成胎有落脉山性本火主發上水性純水主潤下

發上高起是眞龍潤下低蓄是朝宗山穴後高丁祿盛

水穴後高絕無踪自上而下山之止自外入內水之止

山來多止止求眞水來多止止貴神若是止形皆可穴

頑山頑水盡黃金○

以上言水龍行度與山龍支幹落脈
異水龍山龍一體格法水龍與山龍取用高低之
各有其止○

此言水龍幹枝行止與山龍一般山龍真結幹枝從
龍各有真止之情形真情之向背真穴之證據如是
凡有止者皆為我用方是真穴水龍亦然神者山有
情水有意體用兼得之謂也

我有水龍真要訣水龍有轉是真結直來直去龍之僵
有灣有動龍之活一轉名為抱穴龍抱穴富貴在其中
二轉三轉貴不歇四轉卿相不須說

平洋

可久堂

此章辨山水二龍老嫩之情狀山以屈曲活動土色

精神背面生死及草木色澤均以滋潤有光彩者為

嫩乾枯者為老也水龍幹枝老嫩則以大水為幹小

水為枝三轉四轉者言幹枝大小生動活潑之謂也

謂之生如僵直淤淺外寬內窄愈到止處愈狹愈淺

如浜到止處或鈎轉抱穴或曲動有情此謂之嫩又

此謂之死又謂之老富貴不歇總言三轉四轉抱穴

曲動之妙也

轉處不分名息道轉入分流名漏道惟有息道是真龍

漏道多轉總成空轉水不漏皆堆穴不必止處求盡結

轉處不分謂水不分流也若分浜分枝仍歸一處消

者此爲發源又爲來情又名息道切不可因其分浜

分枝謂之漏道也若分處而有水去者此謂眞漏道

二宅均忌

盡結原來是龍頭轉處腰腹亦兼收龍頭偏側俱精妙

腰腹完全力始悠　此言水龍轉結眞机

大凡水之所聚卽脈之所鍾水神抱繞曲折之處卽

是氣脈停畜止蓄之所此云龍頭腰腹種種皆是平

洋就水立穴飛邊弔角之㨗訣也。

求全不必水來多一道閉纏養太和更有沓龍從外護。

愈多愈美酒添酥雖取羣龍為輔佐還從一道作龍窠。

別有雌雄兩道交交時却似馬同槽此是水龍奇妙格。

相吞相戀福多饒 以上言水龍結穴以內水一道為主又言水龍交氣之穴

貼身抱穴小水不必過多則易于雜亂又恐胎神

不固不抱穴有情處只須一道便吉一道卽玉帶乙字

之類抱穴情形有抱養太和氣象者更吉至外面護

佐之水則愈多而愈美若金龍到頭處仍以一道為

用也。又有一種一水從左來。一水從右來。一雌一雄

兩路相交。此是水龍之奇格。所云相吞相戀是陰陽

相得之情狀。果能如是三元不替之吉壤也。

水中亦有穴龍星五曜時時現正形五曜只求金水土。

木星有轉水之情直木火星皆最忌水形吞吐露金精。

若應三垣并列宿官皆品職自分明但取穴星親切處。

不離金土蘊眞靈 龍星體 此言水

山龍有五星九星正體變體之形水龍亦有五星九

星正變之象此云只求金水土者卽寶照專取貪巨

武三星是也。木星有轉水形吞吐是。卽靜中求動死
中求生之意。所言三垣列宿謂水龍形體亦有應天
象者要之環抱曲動有情者爲吉。直硬無情者爲凶。
木火二星形象尖直故忌。

五星論定穴應裁三法千秋慧眼開。坐水騎龍爲上格。
挾龍依水亦佳哉。向水攀龍非不美。後山有水始無羕。
掛角并兼三法定。莫親漏道損龍胎。此章直指水龍裁
穴之法歸本于得

山龍論結體之五星平洋論水城之五星是認龍立
水而最忌漏道

穴之要訣也三法卽坐向依三法是平洋就水立穴

定向之法坐水向水依水總以得水爲先也如坐水

而水弗得非但不能爲福最易發禍向水依水亦然

用法卽得水道分流亦不能爲福也總以體用均得

爲佳經云穴要鍼針脉到宮正謂此也〇不拘坐水

向水依水及飛邊弔角諸般用法總不離察血脉認

來龍對三叉細認踪補救直達兼貪兼輔者耳

龍胎雖固稱人心遠水安墳死氣侵沾著水痕扦貼肉

陰陽交度自生春此言水龍下穴貼水爲妙

出龍葬不接脈此為脫龍。平洋遠水安墳便為離血。

太近恐失穴情太遠又恐水氣不接。必須龍水交接
之際陰陽相得之處為佳。大凡山水二龍立穴之法。
貴在不接不離惟坐水及金龍到頭者則又以愈近
而愈妙也。

平原春到好栽花把注盈虛氣脈賒。眞水短時結氣短。

眞水長時實可誇長龍定主源源貴短龍只許富豪家。

照穴有情者謂之眞水創元辰水是也。或溝渠田源。

有止蓄情形或本身界水到穴前轉身特朝屈曲活

動有照穴真情者。亦謂之真水真水者對脉來情之

謂也此水之來必須深遠悠長爲貴所謂龍來長短

定枯榮者是也

平氣不如環氣足龍逢轉處發萌芽更有一端分別處。

淺深潤狹辯龍車。此章辯水龍形勢淺深潤

　　狹遠近長短裁取之法

平氣環氣是看水城之情狀而辯力量之輕重也龍

車者屈曲活動旋轉抱穴之謂也水神旣有屈動抱

穴情形當辯某方潤某方狹某方向某方背某方來

某方去辯淸方位幹枝潤狹重輕遠近長短方可立

向消納從中趨避耳。

水若乘車號秀龍空車湖蕩是痴龍。得運痴龍能富貴。

外情內氣要相通帶秀痴龍尤顯赫痴龍後蔭福無窮。

此章專言湖

蕩水龍格法

散蕩無收者謂之痴龍。大幹小枝兩水相交。

動有潤有狹有收有束者此謂痴龍帶秀外情言形

局向背之情內氣言換星得失之氣要相通者即相

女配夫幹枝大小遠近各得其宜之意也內外二字

其說有二一以幹枝分內外一以體用分內外二說

皆是如論形勢以幹爲外枝爲內如論體用則又以體爲外用爲內要相通者訓形勢體用均歸一路情性相通也。

從來水路後天成不同山骨先天生山骨補培終不應。

水脉疏濬引眞情當年無著修龍法修著之時且夕靈。

莫道入工遜天巧江河淮泗禹功平。此章言水龍修補之法以上論水龍

水龍理氣作法

轡頭體格以下論

山龍本無培補之法今人動云接龍甚屬不經水有疏鑿之理古人設法挑修往往取驗然必須去來得

失細心看准當鑒則鑒當填則填自能取效於旦夕

間也倘不明元空之得失水情之來去胡開亂鑒徒

取目前之適觀者是爲瞎修非但不能求福必見災

禍於目前也

水龍剖盡骨生香入用元機不可量。

元機卽隨時變易之元機所謂天心是也苟識此變

易之元機何位何宮倒地翻天之奧三元九運之機

自能了了矣如不識變易之元機談八卦論干支二

切說元說妙都是盲言瞎論豈能辯得失于毫釐之

際哉。

此總結上文數節之意謂水龍幹枝大小曲直動靜
生死俱已剖盡惟入用元機變化不測毫釐千里甚
屬元微下文乃全露其機宜細察之

八卦三元并九曜毫釐竍錯落空亡　此章所言三元九
曜察血脉認來龍對　曜入用元機即青
三爻細認踪之意

八卦是言來山來水方位干支之純雜三元是言山
水氣運之消長九曜是言三元九運往來顚倒之機

補救直達之妙此三者是山龍平洋

領。必須體用合宜。山水兼得。方爲盡善。稍有一毫舛

錯。卽是室亡吉中有凶不成美器矣

問君八卦如何取。洛書大數先天矩。五帝三王緯地書。

此章推原理

九州九井都經紀。氣之所由

蔣公恐人不信特舉五帝三王九州九井皆宗洛書。

此亦推原理氣之所由來也近因世俗諸書都從干

支上著眼不能領會元空故將洛書錯綜之理九星

變易之機重言以申明之耳。

朱子曰天地之化往者過來者續陰陽寒暑晝夜之

變而已陰生陽陽生陰寒而暑昏而寒晝而夜夜而

晝一道之往來而不已也其理不偏不倚常行不易

而成化也理也者形而上之道也生萬物之本也

氣也者形而下之器也是以萬物

之生必本此理然後有性必本此氣然後有形又云

太極理也動靜氣也氣行理亦行二者常相依而未

嘗相離也理者天之體氣者天之用太極之動靜即

天心體用之變易也

只把九龍一卦裝莫憑三八分條理識得九龍龍骨真

平洋

可人室

九曜旋飛
乃靈耳

此章申言三元九運五行顛倒之機
不以干支分順逆者方眞一卦眞則

九龍卽九運一卦卽天心正運之一卦旋轉乾坤顚
倒三八都由于此順逆陰陽亦由于此苟能識得天
心一卦之端方知隨氣變易之機隨時而在之理矣
隨時而在九龍之骨方眞若拘拘于二十四山分彼
此辯優劣者天心旋轉之機何曾夢見耶

九龍八卦貴乘時上下三元各有宜葬著旺龍當代發
葬著平龍發跡遲葬著死龍憂敗絕縱然合格也難支

不是八神齊到穴出元之局莫相依　此言水龍八卦三元元氣運衰旺

九龍即九運八卦即八方謂既有九龍八卦自有盈

虛消長之機往來進退之理既有往來進退則三元

九運各有衰旺理之必然者也所云八神齊到者謂

來山去水方位干支坐山朝向山上水裡處處得宜

之意也或體或用一有不合切莫相依

定局惟看貼水城毫釐尺寸要分明　吉凶得失在乎貼身小水毫釐尺寸

間之

毫釐尺寸是言貼身小水方位干支遠近長短濶狹

重輕之辯此乃平洋裁穴定向之最要者也稍有不

合便成差錯其可忽乎

更有照神能奪氣外洋光透失宮星

照神者即登穴所見之遠水也有有水而不見者有

見水而光不甚大者有見水光更兼形勢浩蕩卦爻

錯雜者此謂之光透又名奪氣種種都是小不勝大

近不敵遠輕不敵重之勢如用法遠近大小一有不

合自有吉凶不一之患必須大小兼收遠近得宜為

要能將五吉用於浩蕩錯雜之處者乃為最妙耳

穴是若重平分勢照神若重獨持衡外照過多分氣亂

必定分房運改更

照穴有情者為照登穴見幹水遠照者即是外照又

名照神倘有此水亦要元空得生旺為妙如不得生

旺恐為外照奪氣吉凶率制也穴星是言近穴小水

即貼身界水城門之類重輕即大小濶狹遠近之意

如近穴小水得情得力并得五吉三星補救直達之

妙如是則以內水為主外照為賓內外得宜主賓相

得照神雖重非但不為奪氣反有益於用也倘內水

無情無力。僵直淤淺獨見照神汪洋數千頃有權有
勢控制於外此又以遠水為主近水為賓大水為主
小水為賓也取用之法亦宜大小兼收內外得宜為
要若拘先到先收之見非但不得外照之益反受外
照之凶者多矣由此推之水勢之遠近大小輕重多
寡可不察乎○不遠不逼有規有矩與枝水大小輕
重相稱者謂之照神照者照穴有情之謂也如光茫
奪目散亂無收毫無照穴真情而內水又無權力以
制之則元運不一。分房更變勢所必然也。○

更有水龍真骨髓只將對脉論來情來情若是真元會

諸局參差一半輕轉折短長純雜處此中消息眼惺惺

此章言水龍宮星照神兩氣兼

收之法而歸重于來情對脉

來情對脉即水水當面之意既有真脉再有來情再

兼轉折長短却與來脉相稱再兼宮星照神用法得

宜便是真元會此處一得諸局之參差無關重與輕

也

三元既辯龍神旺九曜不純龍力喪此是元空大五行

六甲爻中應天象以混挨星之真者也

納甲五行是一行所造

可久堂

九曜即元空大卦之九曜本無有吉用得則吉本無

有凶用失則凶此云不純者半得半失之謂也天象

云者謂此大元空之九曜轉移顛倒都由六甲運行

而如是也此章直推大撓占斗綱所建始定干支造

甲子是三元六甲之始也如初三月明于庚納於震

十六月魄于辛納于巽初八弦於丁卽納于兌之說

卽是宗廟五行故不書納甲而書六甲

五星二曜轉乾坤稟命天樞造化根在天北斗司元氣

在地八卦顯天心

立極中央主宰七政運斡坤輿垂光乾紀流通八國

旋轉四時乃萬化之根源也天有四時地有八方天

光地德秋落春榮隨時變易之機均由旋轉運行縱

橫顛倒使然也苟于顛倒中推測則在在之陰陽在

在之五行天心一卦之端自能了了矣下文所謂父

母是變易陰陽之父母卽天心斗柄是也

四吉四凶分順逆父母二卦顛倒輪

太極兩儀四象八卦卽一分爲二二分爲四四分爲

八此卽四象八卦之所由來也卦雖分八來往之氣

天元五歌闡義　卷之三　王平洋

可久堂

則一故將八卦分作來者四個往者四個來者爲順

爲吉往者爲逆爲凶所云四吉四凶分順逆者是也。

父母是變易干支之父母三卦卽一往一來隨氣運

行遷謝之二卦也隨時變易自有顚倒無窮之妙矣。

向首一星災福柄去來二口死生門

一星者是向上所得之一星也向上所得之一星大

關休咎故謂之柄二口卽去水水之二口來有來

之用法去有去之用法去來各得其宜自能一葬便

興稍有不合卽見退敗由此推之向首之得失水口

之去來可不加意乎。

青囊萬卷無非假惟有天玉是眞經。元空洪範非三合。

八曜黃泉枉問津尤恨去來生旺墓害人父母絕兒孫。

此力辯諸家
理氣之非

宗廟洪範黃泉八煞及三合雙山小元空去來生旺。

種種都是時師所用之僞法爲害於世由來已久蔣

公恐後人再誤故將諸僞法一一指出。

能將九曜爲喉舌大地乾坤一口吞。此言水龍眞訣將

向消納之用者
萬不失一也

此言水龍眞訣將
大元空五行爲立

九曜卽貪巨祿文廉武破輔弼之九曜此九曜上應
北斗主宰天地化育萬物周流六虛名有定名位無
定位隨氣運行隨時而在苟能識得在在之陰陽在
在之五行雖大荒內外山嶺水涯古往今來無不了
了矣。○變易在乎一卦元機在乎六甲縱萬法之紛
紜惟一理之融貫造之精者可以濟世用之久者可
以通神。

更說高原無水地亦有隱穴在其際乘高臨下卽江河
萬頃低田能界氣高低數尺合三元一旦繁華諸福至

若坐低空在後山數世箕裘常不替。

專論高原無水之處尋龍尋穴之法萬頃甚言低平

寬廣之意有數尺高低為界則氣清脉聚立穴有據

矣能坐低空在後山更兼五吉坐歸穴後自能富貴

不替矣

江北中原平地龍無山切莫強尋踪雖是乾龍無水道。

溝渠點滴有神功隱隱微茫看水法葬法實與江南同。

我向乾流指真水能使上士開心胸以上言高低尋穴之法及中州無山

平地取乾流為水法　與江南似異而實同

此節論高原無水壽穴之法此節論平原無山無水
取用之法又論山下平地依水立穴定向之法種種
都是無水爲有水無龍作有龍之一法也有以低田
低地低一寸爲水者有以溝渠點滴爲水者有以池
渾溪澗爲水者有以高低數尺爲水者水雖不同其
用則一蔣公恐人拘泥故將諸般取用之法一一指
明。

洞山凹處近平出莫作山龍一樣看若遇乾流或水際。

將此凹論三元雲陽留得三元訣欲向人間種善緣

言自脚之穴兼論

局三元另一格也

言山下平地依澗傍水蝦鬚蟹眼及溝渠點滴之

類亦在山水分用即平原無水之地高一寸低一寸

恋隱微茫之水亦要分用即青囊所謂山管山水管

水者是也

兩君葬水勝葬山葬山歲久氣方還水葬吉龍并旺運

三年九載透天關　此章發明山水二龍應驗遲速之理

此言葬水葬山應驗之遲速所云吉龍指體旺龍指

用必須體用各得其宜方能取效三年九載者甚言

其速也

山本陽精中抱陰陰精是水陽內存葬陽得陰陰漸長

葬陰得陽陽驟伸

山嶼雖以龍穴為重到眞龍結穴之際必有眞水以

應之平洋雖以水為主到水神交會聚書之處必有

眞氣結聚于其間此卽有龍自有水有水自有龍乃

陰陽自然之妙也所云得陰得陽卽實照所謂陽水

陰山陰水陽山者此也所謂陰陽動靜山情水意者

亦卽此也

楊公昔日救貧法但取三元龍水合壬侯將相此中求

無著禪師親口訣杜陵狂客不勝愁四十無家浪白頭

只爲尋山貪幹氣蒼苔古道漫淹畱水龍一卷贈知已（此言水龍之楊公）

大地陽春及早收（此言水龍木之楊公）

此蔣公自言貪求幹龍正結以至頭自身衰正勸當

世之貪求大地者耳卽一枝一泡一鈎一曲之小地

只要得穴得用將相公侯無不在其中矣恐人不信

特舉楊公以證之也

天元五歌闡義卷之三　終

天元五歌闡義　卷之三　陽宅

巳戊堂

天元五歌闡義卷之四

雲間蔣大鴻氏撰

錫山無心道人注

天元歌四　陽宅

門人

古吳徐嘉穀
湖州陳陶生　同校
長洲柯遠峰
金匱陶康吉
于雲岳

人生最重是陽基。卻與墳塋福力齊。宅氣不寧招禍咎。

骨埋眞穴貴難期。建國定都關治亂。築城置鎮係安危。

試看田舍豐盈者。半是陽居偶合宜。

生居吉宅死卜佳城其理一也墳之吉凶蔭在子孫

地並重若建都立
邑更重
於墳墓。

首章言陽宅與陰

屋之禍福應在一己。故迎承生旺取效目前較陰基
更爲切近

大凡門戶行路通風通氣通人往來行動者謂之堪。
牆垣壁落弗通風弗通氣并不通人往來行動者謂
之輿。空者堪實者輿。動者堪靜者輿。堪輿二字辯別
清楚再辯親疎遠近再辯干支方位再辯挨星得失
如是。則陰陽二宅自能指掌瞭然矣。
陽居擇地水龍同不厭前篇議論重但比陰基宜潤大。
不爭秀麗喜粗雄。大江大河收氣厚涓流滴水不關風。

若得亂流如織錦不分元運也亨通　此章言陽基龍法

論必取形局寬大乃可容受宜擇水　一如水龍故不復

多曲折之處卽非本元亦可發福

此言陽宅之大局比陰基稍異惟迎神引氣之法與

陰宅水龍一般卽地形水勢亦取粗雄潤大環繞曲

動者爲佳也

宅龍動地水龍裁尤重三門八卦排只取三元生旺氣

引他入室是胞胎一門乘旺兩門囚少有嘉祥不可齊

兩門交慶一門休大事歡欣小事愁全家福祿永無憂

宅龍者宅向所得之星也動地卽門戶往來行動之

須用門門多吉位

地內戶趨避之法與宅外水法一般故曰水龍裁也

所云排八卦辯三元即排向首一星大元空五行生

旺之氣向首得此生氣方能引領吉氣以進內室一

門兩門者言內戶承氣門門須承向首之生旺也

三門先把正門量後門房門一樣裝

一宅以大門為主內戶門路為用量者是定陰陽分

順逆量度向首一星之休咎也向首既辯再辯上房

門路所承之氣若何也所云門門多吉位者謂都承

正門生旺之方位也○量者度也是量換星之得失

非量門之濶狹長短讀者切莫誤會

別有旁門并側戶一通外氣即分張設若便門無好位

一門獨出始爲強　此章言陽宅門氣

此專辯旁門側戶謂既有正門或左或右或前或後。

從旁開門者謂之旁門又謂之便門又名側門有可

不由大門而從旁門出入者此謂之通外氣也即此

旁門亦有所向所得躔辰與正門一氣者則吉。

如在正門之吉方者亦吉一有不合即爲分張分張

者爲此奪氣吉凶牽制之意也

門爲宅骨路爲筋筋骨交連血脉均若是吉門兼惡路

酸漿入酪不堪斟 此章言門路氣脉相連趨生避尅之法一如水龍

一宅之吉凶均由門而定故謂之骨一宅之盛衰都

從路而進故謂之筋向首旣得吉氣全在吉路引進

也倘門吉而路不吉宜改移吉位必使筋與骨血與

脉一氣貫通方爲盡善如吉凶夾雜者何異酸漿之

入酪也○有門自有路門與路宜相生比和爲佳并

以門爲主路爲賓來往相生爲妙如門得生旺門外

來路宜扶門之生旺及一切內戶均宜從外生入切

忌相沖相尅便爲惡路然此沖尅非形勢之沖尅是

五行之沖尅讀者宜辨

內路常兼外路看宅深內路抵門闌外路迎神并界氣

迎神界氣兩重關　此章言陽宅路氣

此專辯看路之法外路是宅外街道田塍之類內路

是宅內行動之路內外兩路用法各殊外路宜扶向

首內路宜益私門私門氣弱宜用內路吉氣以扶之

所謂內路作外路即此法也宅深內路自有遠近遠

則恐氣不呼應又以近門內路爲用也所云迎神界

氣都在遠近中分出近則爲迎神遠則爲界氣卽外

路看法亦然都從遠近親疎而分休咎也。

更有風門通八氣牆空屋闕皆難避若遇祥風福頓增、

此章言陽
宅風氣

若遇煞風夾立至。

專辨城市凹風看法與水法一般。

亙巍巍高高名嬌星樓臺殿宇一同評或在身旁或遙應。

能迴八氣到家庭嬌壓旺方能受蔭嬌壓凶方兇氣侵

此章言陽
宅嬌氣

專言迴風返氣之法必須辨清元空之得失嬌壓之

遠近而占驗休咎也城市以牆傾屋缺者爲凹風左

右前後鄰屋特高者謂之嶠星所云此方凶方祥風

煞風均不在形跡上看須從元空上尋如村居氣散

應驗少輕城市氣聚應驗最速所言生旺是元空之

生旺非生延之生旺讀者莫誤

衝橋衝路莫輕猜須與三元龍一例排衝起樂宮無價寶

衝起凶宮化作灰　此言陽宅衝氣

專辨衝橋衝路取用之法與水龍一般所云樂宮是

元空之樂宮非天醫生延之俗說也　○按莫輕猜三

字樂宮囚位須從元空中著想不在形跡上尋也明
矣。

宅前逼近有奇峰不分衰旺皆成凶撞頭尺尺巍峩起。

泰山壓倒有何功　此言陽宅逼氣

尺尺甚言其逼近巍峩是言其太高宅前高而且逼
多凶少吉二宅均忌

村居曠蕩無攔鎖地水兼門一同取城巷稠居地水稀

路衢門嶠並司權　此言城市鄉村陽宅之異

此言城市鄉村宅法之不同鄉居氣散水渙取用之

法向與水兼得爲佳城市氣聚所有鄰屋之凹凸高
低街道之濶狹曲直水稀地窄即以凹者低者濶者
曲動者爲水直者狹者凸者特高者爲山也所云司
權者謂高低各有其用也
一到分房宅氣移一門恒作兩門推有時內路作外路
入室私門是握機當辨親疎非遠近抽爻換象出神奇

此章言陽
宅分房

分房是兩三家同住一宅或一二十家合居一宅之
分房也看法以一家私門爲主諸家往來之路爲用

闡義　卷　陽宅

故云內路外路握機私門是也親疎即內路遠近之
屬抽爻換象即物換星移吉凶變遷之義辨即辨內
路遠近變遷之吉凶也即近門內路亦有清純錯雜
之辨遠則方位必移方位移則所承之氣自然不一
承氣不一吉凶變遷自無一定矣此章言神
論屋神祠理最嚴古人營室廟為先祠宗廟
神廟關合社之興衰宗祠係一族之休咎地氣形勢
堂局砂水高低層進均與住宅一般惟向首一星尤
為紫要也向首一星宜得官貴文秀之氣和平悠遠

之神兼貪兼輔見孫自多賢良自多孝友切忌頑鈍

之氣剛燥之神到向也即神廟仙壇亦同宅內神祠

即祖堂香火其永接之氣關繫一家安危當以此為

先也。

上房內戶門路井竈諸般都吉還以宅中色氣為禍

福之主宰夫宅中色氣不一暑舉其大槩而言紅黃

曉亮者為吉氣滋潤有光彩者為生氣和暖清明有

欣欣氣象者為旺氣惟淡白無光者為退氣黑暗陰

寒者為死氣冷落乾枯者為衰氣門路雖吉向首雖

旺倘見此氣死傷退敗之患不遠矣法宜修理油漆

粉飾亦挽回之一法也

夫婦內房尤特重陰陽配合宅根源室此章言內房襄歸重於宅主

夫婦內房即宅主之正房此房關繫一宅之休咎所

承之氣必須彼此相生陰陽相配為合一見冲尅定

主刑傷此總括上文之意謂門戶井竈家堂香火諸

般都吉還以上房內戶承接之氣為主所謂根源者

此也配合者亦即此也且大門為一宅之氣口向首

得失關一宅之盛衰內房承氣繫一房之休咎如宅

主內房承氣得失猶山龍之入首水法之城門關繫

一家禍福之所故以此為特重也。

八宅因門坐向空三元衰旺定真踪運遇遷移宅氣改。

人家興廢巧相逢此章言陽宅以大門朝向而定吉凶不以坐山而論休咎此即氣口反為初之義而歸重於遷移入宅之時改移修造之運而辨得失故宅有彼此與廢之不同

此專言坐空向空之宅因俗術指明某某是戊已空

亡某某是龜甲空亡陰陽二宅都以此為立向坐宮之最忌者也海內皆然故特辨之夫八卦九宮四維

十二支是日月五行氣化流行之次舍隨氣推移本

無吉凶本無彼此何故有此吉彼凶之辨耶況戊己

爲中央鎮星又爲十干之中氣乃至陰至陽乾坤交

媾之處水火金木都藉此戊己爲成形顯用之所水

火金木都不忌而獨忌成形顯用之所何哉歷查古

來名墓吉宅用此山向者頗多即近時墓宅用之者

亦多其中有吉有凶有衰敗者有發福者有富貴無

休者并有即此一宅前人居住不吉而轉售別姓居

之則吉者彼既謂之凶而避之此乃用之而又發福

者其故何耶是皆不曉三元衰旺之踪隨時顛倒之

機遷移變易之理耳蓋空亡之向固有斷非此強換

硬砌者所知全憑關天地察元空權輕重考順逆所

坐所向雖界乎兩岐之際左右兩爻陰陽順逆仍屬

一氣者此謂空而不空主吉又有山向雖不犯戊已

龜甲之位元空流行之機郊界乎半陰半陽造葬適

逢其會此謂之不空而空主凶又有一種所坐所向

雖在戊已龜甲之地而入用元機與水法之零正無

一毫差錯者亦吉如三元九曜稍有一毫差錯則凶

此即戊已龜甲之說所由來也○所謂差錯是水口

零正。挨星五行合不合之差錯。倘遇此等先將向首

陰陽五行辨別清楚。或當順排或當逆挨再查水之

正神若何零神若何自曉其所以錯不錯之故。水口

雖有差錯挨星五行都合其宜此即五行當分別者

是也。

此是周公眞八宅無著大士流傳的。天醫福德莫安排。

只好遊年斷時日。

上二句推原元室大卦之所自來。下二句申言遊年

卦例之非遊年卦例本是一行所造以混挨星之眞

者也。

逢興鬼絕更昌隆過替生延皆困迫　此章力辨生延鬼絕之非

縱橫顛倒在在有興有替斷非天醫福德新舊八法

九星顛倒八國轉移是鬼絕非鬼絕非鬼絕是鬼絕

之挨砌者可知

太歲煞神若加臨禍福當關如霹靂門內間有宅神

值神值星交互測此是遊年剖斷機不合三元總虛擲　此章辨小遊年翻卦之非必以挨星之得失乃斷吉凶

太歲臨方到向人人共曉如向上所得之星每間所

得之神世所不知既曉向首一星之休咎再將值年
值月之紫白加臨向首吉則助吉凶則助凶應驗如
神方知向首得失之眞消息矣值星者是向上所得
之星也值神者是值年值月之紫白也此紫白若與
向上所得之星與毎間所得之星相生比和者吉相
尅相剝者凶如是則某年吉某年凶過去未來均可
猜測而得此即上文所言遊年翻卦只好占時日之
法恐人再誤故將占驗一一指明

九星層進論高低間架先天卦數推雖有書傳皆不驗

漫勞大匠用心機。此章辨層進九星

間架卦數之非

高低層進。俗術皆以水火木金而定高低。乾一兌二

先天卦數而分間架註書立說言之鑒鑒如此呆板。

則元空活潑之機從何窺其消息耶夫高低層進之

法必須細揣五行之生死方位之宜忌高低相稱層

進合宜總不離生旺宜高衰敗宜低官貴宜高陰賤

宜低之理耳先將八方五行布就再將宅向所得何

星查準再辨五行之情性再辨星辰之陰陽貴賤氣

運之往來進退如是而論高低層進無所不當矣

卷二 陽宅

山龍宅法有何功西面山圍亦辨風或有山溪來界合。

兼風兼水兩相從若論來龍休論結結龍藏穴不藏宮。

縱使皇都並郡會只審開陽不審龍。此章言山龍宅法

此節專論山居宅法凡山有低凹卽有風水來去其

間用法風與水一般若半山半水者用法則異知此

卽知山龍兼得水龍之法矣。

俗言龍去結陽基此是時師俗見庸欲取陽居釀家福。

山居不及澤居雄。

此兩節總言山居澤居不在乎穴之得弗得在乎水

之聚不聚耳即在萬山之中亦以得水為先也

陰居蔭骨及兒孫陽宅氣氳養此身偶爾喬居并客館

卷堂香火有神靈關著三元輪轉氣吉凶如響不容情

透明此卷天元宅一到人家識廢與　此章言陽宅蔭生

有棲身不　可不察　人視陰地更速凡

陰地蔭及兒孫陽居應在一已即偶爾喬居客館卷

堂香火之間關著三元消長之機者吉凶如響也

凡二宅之前後左右有見村庄者有見土堆高敞者

有見屋角橋梁者有見神廟紅牆者有見城樓寶塔

天元五歌闡義　卷之四

者在陰宅為空氣在陽宅即為嶠星種種多能迴風

返氣用得用失應驗最速此等先要辨清方位干支

高低遠近再辨元空之得失從中趨避自無不當矣。

惟紅牆與塔趨避之法稍與紅牆宜尅宜洩并宜粗

頑之氣塔宜生宜扶并利官貴文秀之神此即因物

付物之一法也。

天元五歌闡義卷之四終

天元五歌闡義卷之五

雲間蔣大鴻氏撰

錫山無心道人注

天元歌五　選擇

門人

　　　　　古吳　徐嘉穀
　　湖州　陳陶生
　長洲　柯遠峰　同較
金匱　陶康吉

丁雲□□

地理天時古聖言堪與二字義相連。浪說江南無大地。

但取年月日時利真龍大地遍江南也要天時一力參。

初年禍福天時驗歲久方知地有權及地氣亦司初年

禍福故

當兼重

得龍得穴得砂水堪道也得日得時得七政堪道也

可久堂

堪輿、節天與地、雖曰天時不如地利、實則地理天
時二者不可偏廢也、如得地而不得天猶播種不得
其時定有枯稿之患、如得天而不得地猶男子無室
自無發生之機也、由此推之時日之關繫更為切近
可不加意細察乎

諸家尅擇最紛紜拘忌多端誤殺人此家言吉彼家凶
對盡諸書總不同五載三年精一日萬般福曜總成空
古來天子七月葬士庶踰月禮不曠年月何曾有廢興
日時只好論孤旺春秋葬日滿經書但辨剛柔內外宜

禪竈梓慎俱博物豈昧陰陽誤萬機諸家選擇盡荒唐

斗首元辰失主張奇遁演禽皆倒亂不經神授莫猜詳

世人尅擇重干支生命亡命苦相持致使子孫沖犯衆

多年不葬孝心違　此章歷辨諸家選擇之非

歷舉春秋葬日辨剛柔分內外論孤旺以證七政趨

避之法由來已久恐人不信又舉梓慎禪竈古之博

物以證之無奈諸家雜出以偽亂真但曉子平竟忘

七政呆執干支生命亡命苦苦相持此吉彼凶紛紛

不一竟有誤人數十年不能得一吉日安葬其親者

悲乎

岂知死者已无命反气入地为复命能司造化权

生者命从葬者定故有仙人造命诀不是干支子平法

浑天宝照候天星此是杨公亲口诀不怕三煞太岁神

阴府空亡俱抹煞年尅压命有何妨退煞金神皆乱发

一卷天元乌兔经酉与人间作宝筏 此章直指选择造

星可废一切神煞之说造命天星 命之法归重于天

既合再避一切神煞岂不更妙乎

反气入地谓葬埋以入土时日为复命入土时刻犹

人之生下时刻一般辨吉凶定盛衰都在此一时一

刻之間此一時一刻關繫兒孫禍福故曰生者命從

葬者定是也○烏兔經有偽本如俗所傳每月初一

初二用羅計等排去者即是偽本不可用○

推原天地混沌成惟有日月是真精金烏玉兔本一物○

五星四炁從此生人生稟受太陽氣萬物皆是陰陽萌

聖人觀象演歷法千支甲子作天經五行俱是陽中氣○

神煞何曾另有名只將日月司元化萬物森羅在掌心○

金烏玉兔即日月五星即水火金木之五星與日月

此章言造命天星
以日月時刻爲吐

其為七政四炁即水火木土之四餘此四餘有氣無

星默行於天從此生者謂此五星四炁及一切萬物

俱由日月往來而生天地無心聖人無意作千支甲

子範圍天地而不過曲成萬物而不遺者也。

世間萬物各有命不但生人男女定造物制器可同推。

修造葬埋咸取證日月五星大象同一時八刻一移宮。

造命元機時作主毫釐千里不相通。此章言萬物各有

生人以生下日時為命造制以成器時刻為命葬埋

以入地時月為命蓋物各有命自然之理也。一時一

右邊小字：命其機在時刻

刻者謂七政之行度有遲有速一時一宮是言其大

槩也此申言造命之元機在乎時刻一分一秒者謂

日月五星無一息之停稍有差錯星移度改自有毫

釐千里之謬

先將晝夜別陰陽晝夜晨昏出没詳十二宮中三十度

大約六度是分疆盈縮授時毫末細量天廣尺未能量

二十八宿七政明論宮論度要分明深則論宮淺論度

一分一秒不容情命入躔宮變五氣日月隨命分五行

五曜四餘扶日月生尅衰旺準天枰最取用星爲福曜

有恩有用作干城用若奪權爲上格忌星一雜福斯輕。

此章言十二宮分度及躔命宮五行而歸重於恩用。

此論用日月之法先分晝夜晝用太陽夜用太陰晨

昏出没分至不同亦宜詳辨過天十二宮每宮三十

度六度分疆者謂此六度界於十二宮交界之間昔

郭守敬作授時歷今量天尺盈縮其度緣歲久不能

無差故也二十八宿分布四方分隸七政有宮主有

度主論深淺算分秒絲毫不容差錯者也命入躔宮

者是言命主入躔於何宮也命主入躔於何宮卽知

命主之所屬知命主之所屬則四餘之恩用自隨命

主而更變即日月亦隨命主之五行而分者矣五曜

四餘有生尅衰旺恩難仇用之辨如恩用星得生旺

即爲福曜又爲土格忌星者即難仇相尅之星也一

有夾雜其力自減

用曜一星落何處陽時陰候分邊際冬夏二至陰陽極

春秋二分是平氣平氣陰陽用可兼猶看晝夜與宮垣

暑過平氣陰陽別當極之時禍福峕陽令惟求金孝水

陰令惟用羅與火秋木獨宜水兼孝春土火羅金計土

春在分後須陰助秋在分後宜陽輔此章論四時星曜用忌禍福之變機

夏至一陰生是陽極而生陰冬至一陽生是陰極而

生陽自交冬至到春分九十日有零陰陽各居其半

此為陽中之平氣暑過則陽勝是當陰助自交夏至

到秋分亦九十日有零陰陽各居其半此為陰中之

平氣暑過則陰勝是當陽輔所云陽令陰令是言氣

候之偏勝也火羅水孛是言隨時之取用種種輔

助之法在乎陰陽和而已矣且水火為中天之大用

夏令以水為用神冬令以火為用神乃得中和之氣

反是則凶。

宮辰星體兩兼收度前度後要深求猶向五星探代現。

逆來順去并遲迴三方對照緊相隨同宮隔宮一例推。

拱夾有情權力大月月交受格猶奇 此章備言宮星恩。

先看宮辰星體再求度前度後如日光半經八度半。川諸格正變之法。

月光半經朔五度望七度半弦六度三十四分所用。

時刻與所坐所向之宮度其光果照得到否五星光。

半經大小不等亦宜詳辨要之不拘三合六合拱照。

夾照及到山到向等須在日月五星光所照及之度。

度前度後尤當深究。次察其伏現退匿若何相冲相

會若何。假如子宮安命先查子午宮次察申辰宮三

方對照者若何以推休咎也。然則星有同宮而異度

者有隔宮而同度者重度不重宮故曰一例推也如

拱夾星曜有情權力更大果能日月兩曜交受其光

尤為奇格。

身當旺令不須恩。但將用曜作根源不令獨恩難發達。

衰時得令尚無惡以恩為用真至寶以難為用多顛倒。

以恩為忌壽而貧以難為忌身不保離合之法此章言恩用

身者即安命之謂也旺令即合時合令之星辰也果
當旺令何用生扶惟取用星爲最妙耳如在平令專
用一個恩星孤立無助亦難爲福必須諸吉扶佐爲
要如衰時得一恩星尚爲可取假如冬令以火爲用
神命立子丑土宮火又爲恩星是以恩爲用最吉者
命立辰酉金宮火變爲難星是以難爲用時起時倒
與廢不常須得一土星化之方妙如夏令以木爲恩
命立土宮是以恩爲忌者是也冬令以土爲難神命
立水宮此即以難爲忌者是也種種均忌安命之法

蓋以太陽加時順行逢卯即爲命宮又云生造以逢

卯爲命宮葬埋以逢酉爲命宮此說亦是。

本宮端的管初年宮若不純須舍廂必取宮身俱妙合。

長安花滿任揚鞭就中暗曜最難知空地翻同實地司

寅戌兩宮光在午丑亥二曜子中依法兼言暗曜變格　此論宮星並重之

本宮指坐山而言如戌山辰向火爲宮主星身者即

命宮主星也坐山所得星辰與命宮所得星辰均要

生扶旺相爲妙非但本宮要合即三合六合拱夾暗

曜度前度後短長多寡亦要得宜所言光在午子中

依者此皆用曜之法也翻同實地云者如本宮在午

午宮無吉星寅戌兩宮有吉星其光即射午地如子

宮無吉星丑亥兩宮有吉星其光即夾注於子地是

也。

更有橫天交氣法。

寅申〔度九十〕有曜亥申思巳丑卯宮〔百一度〕

二十亥未酉短長多寡度中移。〔此章論橫天交氣法而借亥卯酉三宮為例也〕

橫天交氣即弦照夾照拱照三合六合照之類所云

寅申亥未種種是用時刻前後以奏天星之法也。

果老星宗此的傳星書卷卷失真詮諸般格局皆虛假。

選擇

可以堂

升殿入垣莫掛牽。此章辨星書
諸格之非。

俗傳果老星宗升殿入垣諸般格局都假惟此乃是
真傳。

日逢晦朔皆為福。何必蟾光三五圓但忌陰陽當薄蝕。

七日之內勿爭光太白晝見經天日難忌洪災恩失權
此章言薄蝕
經天宜忌

月無光借日之光故不以晦朔辨優劣也即日

月之食在天行度使然無關禍福然為地球所間隔

而掩其光是太陽太陰極否之象故當避太白即金

星其氣肅殺其性陰慘在東方在太陽之前爲太陽

制服亦能爲福如在西方在太陽之後到午卽爲經

天其氣縱放最易爲禍非忌與火星對照及同宮。

目魂月魄命之根五德五星應五倫掌握乾坤惟此理。

璿璣經緯治斯民劉公昔日佐眞主建國行軍掃大荒

無奈歷官多失學增添宜忌漫平章天元秘寶今朝啟

傳與羲和佐盛唐 此章推原造命法本於

自兩漢以來星書實多有得有失惟 天官歷法有大作用。

聖朝採用西法

御定數理精蘊七政經緯。

頒行天下考之已往傳之將來洵可爲萬世不易之良法

也。

崇陽五曲號天元雖是人爲實至言普願智愚咸解悟

故將俚句廣流傳一句一聯包數義通之便是地行仙

其中奧旨須尋味慎勿差訛累後賢其可囑告戒之意

此總結上文謂此五歌淺者極淺深者極深處處闡

發天王青囊之至理必須細心參考方能由淺而及

深由近而及遠矣。

此章總論五篇致

元空秘旨

目講禪師著　　　　　　　　　　無心道人解

元空者倒地翻天隨時變易之元機也目講深得其
奧作此秘旨闡發青囊天玉之至理九星雙起之元
關辯吉凶定盛衰發皆中節靈如桴鼓真理氣之金
針也

不知變易但知不易九星八卦皆空不識三般那識兩
片凡屬五行盡錯顛之倒之轉禍福於指掌之間左挨
右挨辯吉凶於毫芒之際一天星斗運用正在中央九

曜干支旋轉由乎北極。

此言元空大卦陰陽五行縱橫顛倒變化不測毫釐

千里甚屬元微曰讀恐讀者無所適從又將衆星旋

轉之機以示之謂衆星之所以旋轉也其機在乎北

極陰陽之所以顛倒也其樞在乎三般讀者常細細

揣之則縱橫顛倒之機隨時變易之理自可得而知

矣。

夫婦相逢於道路却嫌阻隔不通情見孫盡在於門庭

猶恐兒頑非孝義

相逢者即山上水裏陰陽相見配合生生之謂也相

見而得其所自有福祿之陰相見而不得其所便是

禍咎之根用法即得是方或逢形勢反背水法傾流

似是而非定有阻隔兇頑之更變矣、

此節及下文總言山上水裏挨星得失之元微其中

奧妙全在說卦以推氣用卦以明理繫詞以辯吉凶

因形察氣因氣求形以推休咎也

卦爻雜亂異姓同居吉凶相併頓蛤為嗣

出卦則卦氣雜亂雜亂即龍神交戰交戰雜亂自有

此應〇雜亂指干支方位而言相併指挨星反伏而

言所謂用得卽是相見用失便謂反吟〇

山風值而泉石膏肓午酉逢而江湖花柳星連奎壁啟

八代之文章胃入斗牛積千箱之玉帛雞交鼠而傾瀉

必犯徒流雷出地而相冲定遭桎梏

艮爲山止也陽在上則止巽爲風入也陰在下則伏〇

止者不事王侯高尚之士也伏者山林隱逸不求聞

達于諸侯者也止伏相投自有泉石之癖離爲火爲

目爲心性喜流動兌爲金爲少女爲妾性愛驕奢離

麗也。一陰附於陽則喜兌說也少陰出于陽則說離

兌相逢故有江湖花柳之應也星應日司文章翰墨

之神躔于奎璧定卜文才傑出胃爲土主倉廩五穀

之府躔于牛斗定致千箱之積兌如加坎或傾瀉奔

流。一遇歲君徒流不免震若交坤或相冲相射年逢

三碧枉梏難逃。

火若尅金兼化木數經回祿之災。土能制水復生金定

圭田庄之富木見火而生聰明奇士火見土而出愚鈍

頑夫無室家之相依奔走于東西道路鮮姻緣之作合

寄食于南北人家。

此節專言生尅制化之理。妙在山水峯巒五星九星正變之象。辨別清楚。再辨元空隨時變易之機。往來進退之理。認得分明。當補者補。當瀉者瀉。制化得宜。自能得心應手。稍有偏勝。定見榮枯。理之必然者也。如火金相尅。當扶水以尅之。或培土以泄之。乃是狹金壯水之至理。若反以木助火。火藉風而愈熾。木生火而愈旺。回祿難逃。土尅水則水自潤得金曜重重洩土壯水。自有田庄之富。所謂強者宜洩弱者宜扶。

即同此意火由木出所子相得木火通明定多聰俊

土本火生太過則火炎土燥自產頑愚男以女為室

女以男為家無家無室是言孤陰孤陽無所依靠故

言奔走寄食于東西南北也

男女多情無媒妁而為私合陰陽相見遇冤讎則反無

情惟正配而一交有夢蘭之兆得干神之雙至多折桂

之英

多情言山形水勢相得之情媒妁謂立穴定向之得

宜如立穴定向少有差錯猶男女不用媒妁便為私

答。陰陽雖得相見。遇反伏冲尅上山下水顛倒誤用。

反恩為讐定見災殃雙至。即干支品配得宜山上水

裏排來都吉之謂也此即青囊所謂四神第一者是

也。

陰神滿地成羣紅粉塲中快活火曜聯珠相遇青雲路

上逍遙非類相從家多淫亂姻親相合世出賢良

四七九二為陰神諸星重疊于水口三义或值門方

向首男女貪淫火曜即尖秀挺拔之峯排立于主山

朝案用又得一六連珠之妙自能早登科第得志于

當時也。所云相從相合者總言山上水裏之元空矣及

方位千支清純錯雜之應驗耳

頁棟入南離竚見廳堂再煥驅車朝北闕時聞丹詔頻

來全無生氣入門糧窆一宿會有旺神到穴富積千箱

頁者排也挨也挨排震木加于離火出平震者復相

見乎離故有廳堂之再煥乾金排於坎水成平地者

又生乎天天地生生不息定主丹詔頻來無生氣有

旺神總言宜生不宜剋宜旺不宜衰此亦趨旺避衰

之最要者也

相尅而有相濟之功。先天之乾坤大定相生而有相凌
之害後天之金水交併。

此言河圖洛書先天後天。陰陽變易之機。五行顛倒
之氣顛倒變易相尅相生乃陰陽五行自然之理也。

且先天主體後天主用爲體者不可以用言爲用者
不可以體言所謂先後八卦體用咸明者此也。

木傷土而金位重重禍須有救火制金而水神疊疊災。

亦能禳土涸水而木旺無妨金伐木而火燄無忌。

此節申言生尅制化得宜之妙必須形氣兼看方得。

制化之精微。如形合而氣不合。或氣合而形不合。稍

有偏勝。制化雖得亦見榮枯。埋勢之必然者也。

忌神旺而制神衰。乃入室以操戈。吉神衰而凶神旺。直

開門而揖盜。

尅我者。謂之忌神。制神卽制尅我之神也。旺者強也。

衰者弱也。制尅無權。定見操戈之患。吉不敵凶自有

揖盜之災。要之一貴當權。諸凶咸服。眾凶尅主獨力

難支。此亦扶生制尅之一法也。

重重尅入。立見死亡。位位生來。連添喜氣。不尅我而尅

我同類多鰥寡孤獨之人不生我而生我家人出俊秀聰明之士。

生則不尅尅則不生。陰陽五行自然之理也。所云位重重指門方水口而言門方水口有生入尅入之利害同類家人指干支卦爻而言干支卦爻有正尅傍尅之吉凶。一生一尅一正一傍應驗各殊讀者當察五行之情性山水之形勢去來得失之間趨生避死迎旺去衰自無死傷孤寡之患矣為父所尅男不招兒為母所傷女難得嗣後人不肖因

生方之反背無情賢嗣承宗緣生位之端方朝揖

木受金尅長子難招水被土傷次無子嗣皆指元空

而言非指方位所云朝揖反背恭言山水之情形生

方旺方是言挨星之得失生方果有真情相向并有

朝揖情形兒孫定多賢良定多孝友此即因形察氣

因氣求形之一法總之兼形兼氣兼理而推休咎方

能一毫不爽耳

我尅彼而竟遭其屏爲財帛以喪身我生之而反受其

殃因産難而致死

生之太過反主死傷尅之太急反遭其辱均由形氣

乘戾之故所謂過猶不及者此也

腹多水而膨脹足見金而蹣跚巽宮水路纏乾主有弔

樑之厄兌位明堂破震定生吐血之災風行地而硬直

難當室有欺姑之婦火燒天而張牙相鬭家生罵父之

兒

坤為腹為土土衰不能制水自有膨脹之疾震為足

為木為肝肝主血受乾兌金尅則木壞肝傷主足跛

吐血之症巽為長女坤為老母風行地則坤母受制

於巽女更兼形勢。

為父為金乾金受尅于離火更有張牙不遜之勢必硬直無情故有欺姑之婦乾為天

生不孝之兒種種不法大關風化全在立穴定向之

際斟酌得宜苟能挽逆為順實大有功於名教也。

此節總言相尅之利害腹脹吐血欺姑駡父此皆形

氣相尅之應驗也讀者當細心參考務宜兼形兼氣

方得九星八卦之精微。

兩局相關必生孌子孤龍單結定有獨夫。

兩局指承氣收水而言孤單指地氣形勢而言此節

專言龍水濶狹厚薄之應。

坎宮高塞而耳聾離位傷殘而目瞎兌缺陷而唇亡齒寒艮破碎而筋枯臂折山地被風吹還生風疾雷風因金死定被刀兵。

坎耳離目艮手震足總兼形兼氣而占驗休咎者也。

秘旨所言卦理是元空變易之卦理非南離北坎之定位也讀者切勿誤會如坎方高塞定主耳聾離位傷殘必多目疾兌取象于口缺陷自有唇亡齒缺之憂艮取象于身破碎自有臂折筋枯之患艮坤為土

爻。

被巽風吹刦風疾難逃震巽爲木遭乾兌金傷刀兵
必至種種均由縱橫顛倒相冲相射形氣之所應也
家有少亡只爲冲殘子息卦庭無耆老都應攻破父母

乾坤爲父母六卦爲子息此是八卦之父母也諸卦
自爲母三爻爲子息此一卦之父母也如元空之父
母子息則又以變易于支者爲父母以何位何宮倒
地翻天者爲子息所云冲殘攻破總言生氣受尅之
故耳

漏道在坎宮遺精泄血破軍居巽位顛病風狂開口筆

插於離方必落孫山之外離鄉砂飛於艮位定亡驛路

之中

漏道者是水分兩處非分浜分枝之謂也坎爲水爲

腎主精血是方適逢傾瀉奔流便是腎氣不固自有

遺精泄血之病其餘顛病風狂總是因形察氣之法

耳

金水多情貪花戀酒木金相反背義亡恩震庚會局文

臣而兼武將之權丁丙朝乾貴客而有耆耄之壽天市

合丙坤富埒敵國離壬會子癸喜產多男。

金水多情木金相反是言元空之金木非東木西金

之方位震為天祿庚號武爵元空會合文武全才丁。

為南極丙為太微果有眞情朝拱自能貴而多壽艮

為天市木主財祿又得火土相扶定然富敵王公離。

壬子癸會成既濟主有多男之慶然必體得其體用。

得其用方有是徵若拘拘于呆法者百無一得也。

四生有合人文旺四旺無冲田宅饒丑未換局而出僧

尼震巽失宮而生賊丐南離北坎位極中天長庚啟明。

交戰四國健而動動非佳兆止而靜靜閟不宜富並陶

朱斷是堆金積玉貴比王謝總緣喬木扶疎辛比庚而

辛更精神甲附乙而甲益靈秀癸爲元龍壬號紫氣昌

盛各有攸司丙臨支曲丁近傷官人財因之耗乏

有合無冲者即彼此生生無冲射反伏之謂也東木

西金南離北坎者是言四生四旺各得其宜之妙也

健動止靜謂干支卦爻清純者爲靜爲止錯維者爲

動爲健如論山水則又以形動者爲動形靜者爲靜

所謂行乎其所不得不行止乎其所不得不止氣勢

兩兼方是眞動靜止王謝陶朱總言砂水峯巒體用

兼得之妙也甲乙庚辛不拘來山去水方位干支須

歸一路如丙雜已丁入未不知挨星妙用而又出卦

自有偏枯耗散之病矣

見祿存瘟瘟必發遇文曲蕩子無歸値廉貞而火災頻

見逢破軍身體多虧四墓非吉陽土陰土貴剪裁四生

非卦內卦外由我取要知禍福因由妙在天心素簡

此節專辯諸星之應驗諸星應驗各殊必須測氣象

辯九星察形勢看遠近再推五行生尅制化之理吉

鹵消長之機而言得言失言禍言福自能百不失一

陰土陽土者卽借庫自庫之謂也卦內卦外者卽得

失之謂也讀者須從天心顚倒之間裁取得失自無

不當耳

青囊萬卷總不出體用二字。體有山水之分用有得

失之辯體有移步之不同用有隨時之更變用必依

形而顯休咎體必因氣而見吉凶要之體無用不靈

用無體不驗必須形氣兩兼黙參九星生尅之理以

推休咎方得體用之精微此秘旨言體言用條分縷

斯闡發精詳無微不入非深得青囊之奧河洛之理

者爲能道其隻字耶

道光癸未四月旣望二泉山右無心道人註於廣陵巴

氏樸園水木清華之閣

門人柯學熙較訂